Meditações para Pessoas que Decidem

Meditações para Pessoas que Decidem

UM MANUAL PARA HOMENS E MULHERES CUJAS DECISÕES AFETAM O MUNDO

Paul Brunton

Tradução
CAUÊ FREITAS MÔNACO

Revisão técnica
MARIZA AVANZI

EDITORA PENSAMENTO
São Paulo

Título do original: *Meditations for People in Charge.*

Copyright © 1995 Paul Brunton Philosophic Foundation.

Publicado originalmente em inglês nos EUA por Larson Publications para a Paul Brunton Philosophic Foundation.

Todos os direitos reservados. Nenhuma parte deste livro pode ser reproduzida ou usada de qualquer forma ou por qualquer meio, eletrônico ou mecânico, inclusive fotocópias, gravações ou sistema de armazenamento em banco de dados, sem permissão por escrito, exceto nos casos de trechos curtos citados em resenhas críticas ou artigos de revistas.

O primeiro número à esquerda indica a edição, ou reedição, desta obra. A primeira dezena à direita indica o ano em que esta edição, ou reedição, foi publicada.

Edição	Ano
1-2-3-4-5-6-7-8-9-10-11	03-04-05-06-07-08-09-10-11

Direitos de tradução para a língua portuguesa
adquiridos com exclusividade pela
EDITORA PENSAMENTO-CULTRIX LTDA.
Rua Dr. Mário Vicente, 368 — 04270-000 — São Paulo, SP
Fone: 6166-9000 — Fax: 6166-9008
E-mail: pensamento@cultrix.com.br
http://www.pensamento-cultrix.com.br
que se reserva a propriedade literária desta tradução.

Impresso em nossas oficinas gráficas.

INTRODUÇÃO

Este livro destina-se a inspirar, aconselhar e auxiliar pessoas que já ocupam posições de responsabilidade ou que a elas aspiram. Foi planejado para ajudá-las a manter-se em contato com seu próprio centro e sua força espiritual, a sentir-se bem, agir corretamente, enfrentar melhor a batalha do dia-a-dia, e no final conseguirem ser mais felizes.

Destina-se também a ajudá-las a cultivar qualidades, atitudes e habilidades que farão felizes outras pessoas que estão sob seu comando ou responsabilidade. E, principalmente, tem a finalidade de, em meio a informações e sugestões conflitantes, ajudar a fazer vir à tona o melhor de sua inteligência.

❦

O que significa "ocupar uma posição de responsabilidade"? Comecei a pensar a respeito dessa questão em 1981, após ter lido um artigo de Lance Morrow, na revista *Time*, sobre a degradação da ética no trabalho. Ele sugeria que a chave para se ter uma ética positiva no trabalho seria considerá-lo "agradável aos olhos de Deus". Como isso é raro hoje em dia, ele se perguntava se seria de admirar que a ética no trabalho estivesse desaparecendo.

Muitos anos depois, um amigo observou que essa idéia foi tão fundamental para os fundadores dos Estados Unidos que aparece no verso da nota de um dólar. Examine a imagem nela impressa de um olho que tudo vê no topo de uma pirâmide; ela simboliza a estrutura piramidal da sociedade trabalhando sob a visão divina. A inscrição latina *novus ordo seclorum* significa "uma nova ordem mundial" e *annuit coeptis*, "Ele sorri para nós". Na nota de um dólar tudo isso sugere que essa idéia estava na base do conceito que tinham de uma economia efetivamente moderna.

É de surpreender que estejamos nos dirigindo agora para uma estrutura socioeconômica em forma de ampulheta — simbolizando quão profundamente acabamos nos prendendo às estruturas restritivas do tempo, quão distantes estamos de uma visão que expresse valores eternos ou atemporais em nossa vida cotidiana? E que cada vez se torne mais raro encontrar alguém realmente "responsável" por algo? Que quase todas as pessoas estejam apenas tentando sobreviver e que grande parte da vida pareça escorrer por entre nossos dedos como areia numa ampulheta inconsciente e cega?

Cheguei à conclusão de que para realmente ocupar uma "posição de responsabilidade", você necessita de algo que o modelo anterior oferece. Você mesmo precisa encontrar uma maneira de ser instrumento para tornar realidade ao menos uma pequena parte daquela visão. Precisa encontrar para si mesmo, e transmitir para os outros, um padrão que o coração aprove; tem que conhecer e ser capaz de transmitir a intenção de seguir esse padrão. Tem que ser capaz de mostrar como pessoas reais em um mundo real se beneficiam — em termos da suprema felicidade — dos esforços que você está exigindo do departamento, divisão, classe, família ou grupo que de algum modo estão sob sua responsabilidade.

Há algo relacionado ao seu trabalho, à sua situação, à coisa pela qual você é (ou aspira a ser) responsável que, se feito corretamente, traria um sorriso a seja qual for a imagem que você tem de Deus em seu coração? O objetivo deste livro é ajudá-lo a descobrir isso e torná-lo realidade.

Paul Brunton (1898 — 1981) é admirado em todo o mundo por sua habilidade em adaptar a sabedoria tradicional às condições atuais. Todo o material selecionado para compor este livro foi extraído dos dezesseis volumes da série *The Notebooks of Paul Brunton*. Gostaria de agradecer a Tim Smith, co-editor do projeto dos *Notebooks*, e a Sam Cohen, diretor do Ithaca Youth Bureau em Ithaca, NY, por sua inestimável colaboração na seleção de passagens altamente relevantes daquela imensa obra para este oportuno livro.

PAUL CASH, EDITOR
BURDETT, NOVA YORK
MAIO DE 1995

PAUL BRUNTON

Meditações para Pessoas que Decidem

1

SER RESPONSÁVEL

Há uma perfeita relação entre a impressão que causamos nos outros e o domínio que adquirimos sobre nós mesmos. A intensidade dessa impressão depende do grau desse domínio. Além disso, nosso poder sobre o mundo exterior será proporcional ao poder que adquirimos sobre nossa própria natureza.

A reação da maior parte das pessoas ao ambiente que as cerca e aos acontecimentos é geralmente impulsiva e quase sempre descontrolada. Assim, para elas o primeiro passo seria tomar consciência do que estão fazendo, e o segundo recusar-se a agir dessa maneira, quando a reflexão e a sabedoria indicarem um caminho melhor. Tudo isso implica o controle do ego e a disciplina de seus mecanismos — corpo, sentimentos e pensamentos — que as leva a utilizar esse ego com consciência e de modo eficiente.

Quanto mais você puder internamente libertar-se das solicitações da vida diária, isto é, quanto mais puder ficar emocionalmente desapegado delas, transferindo seu interesse, amor e desejo para o Eu Superior, maior será seu poder de conseguir domínio sobre situações indesejáveis.

Há algo divino dentro de nós a que a teologia denomina Espírito e que, por ser também uma parte do poder maior do universo, eu chamo de Eu Superior. É realmente sábio aquele que o toma como seu verdadeiro guia e faz dele seu guardião protetor.

Apesar de o ego ser tão depreciado, não é errado mas louvável que procuremos desenvolver nossa personalidade da melhor maneira possível e então fazer uso dela. O caráter pode ser purificado, as paixões controladas, as fraquezas superadas, a ignorância dissipada. Novas virtudes podem surgir e um novo poder ser desenvolvido. Podemos e devemos — para nosso próprio benefício e serviço ao mundo — fazer melhor uso de nossa personalidade.

SER RESPONSÁVEL   13

Para o materialista é impossível perceber que vivemos, nos movemos e temos nossa existência em uma Mente Universal. Mas o sábio, conhecendo isso, tem também consciência de que essa vida universal cuidará de sua vida individual, na medida em que estiver aberto para isso e desenvolver uma visão ampla e generosa de sua relação com todas as outras vidas individuais.

☙❧

Muitas pessoas almejam a liberdade para escolher e decidir mas, na verdade, conseguem apenas o oposto: ser prisioneiras de seus próprios desejos. Esses desejos respondem mecanicamente às situações nas quais elas estão envolvidas e iludem-nas, fazendo-as crer que estão deliberadamente escolhendo entre aquelas situações. Os estados de ânimo e as emoções dessas pessoas alteram-se para melhor ou para pior cada vez que as circunstâncias externas mudam. Onde, então, estaria a liberdade? Não estaria isso mostrando, mais propriamente, dependência?

☙❧

Autoconfiança não é uma qualidade que possa ser transmitida a outros. Apenas com seu próprio exemplo é que você pode contribuir para isso.

☙❧

Em qualquer situação em que esteja envolvido com outras pessoas, não considere somente o seu próprio bem-estar, excluindo o dos demais, nem o deles em detrimento do seu. Faça o que for sábio e justo de acordo com as circunstâncias, levando em conta o bem-estar de todos e sendo guiado, em última instância, pela intuição impessoal do Eu Superior.

☙❧

Liberdade é uma palavra extraordinária cujo significado vai muito além da idéia que as pessoas comuns fazem dela. Não é livre quem está atado a preconceitos mesquinhos, fortes apegos, desejos incontroláveis e ignorância espiritual.

∞

Antes que possamos ajudar os outros ou influenciar o mundo, três coisas são necessárias: conhecimento, experiência e poder.

∞

Para conseguir essa força e obter essa sabedoria, você deve, paradoxalmente, seguir dois caminhos opostos. Primeiro, deve, todos os dias, afastar-se completamente de suas atividades e observá-las de forma analítica e impessoal. Depois, deve mergulhar nessas atividades e utilizá-las como trampolim para alcançar níveis mais elevados. Por isso se diz que nem a meditação, nem a ação são suficientes. Ambas são necessárias a você e uma não dispensa a outra. A meditação inspira e aspira. A ação expressa e testa.

∞

Aquele que possui o poder, mesmo que reduzido, de ajudar os outros não pode imaginar onde essa ajuda irá parar. Se ela trouxer algum benefício para alguém que você conhece, essa pessoa poderá, por sua vez, ajudar outra e assim por diante, em ondas que se propagam continuamente.

∞

O ego irá persistentemente levá-lo a esforçar-se para encontrar explicações para seus erros passados. Você deve escolher entre essa agradável ilusão e a desagradável realidade.

Se você deseja estar em harmonia e cooperar com a ordem do universo, cooperar e não lutar contra ela, deve deixar de impor o ego — o seu ego — sobre ela.

Tenha cuidado para que seus oponentes não venham a perturbar o equilíbrio de sua mente. Consciente de que seus motivos são elevados, embora eles acreditem no contrário, e conhecedor dos verdadeiros fatos de uma situação, que eles interpretam erroneamente, você deve descobrir sua própria força, confiando que leis superiores cuidarão deles, enquanto procura evitar que seus pensamentos sejam afetados de forma negativa.

Quando, apesar de todos os seus esforços, você perceber que não pode controlar o curso dos acontecimentos, aceite isso como sendo a vontade superior, seu destino compulsório. Quando for possível controlá-lo, procure ouvir e obedecer a voz interior sobre o que fazer.

Esse trabalho tem como base um refinamento do caráter. Aquele que não possui tal desenvolvimento moral não terá controle sobre os poderes da mente quando estes surgirem como resultado desse treinamento. Em vez disso, esses poderes estarão sob o controle do ego e, mais cedo ou mais tarde, o indivíduo acabará prejudicando a si próprio ou a outras pessoas. A disciplina filosófica atua como uma proteção contra esses perigos.

Há ocasiões, quando a roda da fortuna gira a seu favor, em que você pode avançar com ousadia e aproveitar a oportunidade. Porém, isso não ocorre sempre e, nos períodos negativos, você deveria humildemente aquietar-se e nada arriscar.

༄

Há uma relação obrigatória entre nossos principais pensamentos e as ações e experiências mais importantes de nossa vida e isso é encontrado onde menos se espera: na esfera moral. Nossas más ações geram sofrimento não apenas para os outros mas, principalmente, para nós mesmos, ao passo que nossas boas ações nos trazem o retorno de um destino favorável. Não podemos escapar da ação dessa misteriosa lei de responsabilidade moral. A causa é a parte superior de uma roda cuja base é a conseqüência. Isso é verdade tanto individual como coletivamente. Quando, por exemplo, uma nação chega a acreditar que o conceito de certo e errado é falso, está fadada à destruição. Tivemos oportunidade de constatar isso em nossos tempos no caso da Alemanha. A lei moral não é uma invenção da imaginação humana; é uma realidade criada por Deus.

༄

Há um abuso de autoridade quando alguém tira vantagem dela para enaltecer seu próprio ego em detrimento dos que estão abaixo dele.

༄

Aqueles que vêem o altruísmo como o sacrifício de todos os interesses pessoais estão errados. Ser altruísta significa fazer o bem para todos, inclusive para nós mesmos, pois também somos parte do todo. Não nos tornaremos altruístas simplesmente deixando de cumprir os deveres para conosco.

SER RESPONSÁVEL   17

ଔଡ଼

Não devemos nos esquecer de que nossa boa vontade para com a humanidade não exclui a boa vontade em relação a nós mesmos. O caminho percorrido pelos mártires, ao morrer inutilmente pelos outros, é o do misticismo emocional. O caminho do serviço, de viver de maneira útil aos outros, é o da filosofia racional.

ଔଡ଼

Nesses tempos difíceis, ao tentarmos ajudar outras pessoas — talvez nossos próprios filhos — deveríamos considerar a relação mais ampla dessas pessoas com Deus, muito mais do que sua relação com o ambiente familiar, laços de filiação ou as situações incômodas e inesperadas que surgiram e que não podemos controlar. Oração e pensamento positivo ajudarão muito mais nesses casos do que qualquer coisa que possamos dizer ou fazer.

ଔଡ଼

O verdadeiro altruísmo, do tipo filosófico, não é realizado pela própria pessoa, mas por meio dela, não pelo ego, mas pelo Eu Superior, que utiliza esse ego. Poucos são os que atingem esse grau. A maioria das pessoas pratica o altruísmo mesclando-o a motivos egoístas ou, em outros casos, mascarando totalmente tais motivos, de maneira a não desfazer sua própria ilusão ou a dos outros.

ଔଡ଼

Se a autoridade julgou erroneamente, fez mau uso do poder ou serviu a interesses egoístas, tais coisas deveriam ser estudadas, seus motivos analisados com clareza e, se necessário, corrigidas ou refeitas. Essas, porém, não são causas suficientes para que se rejeite completamente a autoridade, pois quando representa a voz da experiência mental e física acumulada por muitos séculos, ela tem algo a oferecer que valha ao menos uma investigação imparcial. Porém, se for inescrupulosa, bárbara ou tirânica, justifica-se, então, que se insurja contra ela.

Ambas as atitudes são necessárias para um bom resultado: a idealista, que anseia por um futuro novo e melhor, e a prática, que reconhece as limitações herdadas do passado.

Nem sempre nos é dada a oportunidade de escolher simplesmente entre o bem e o mal. As situações que a sociedade humana organizada nos apresenta, não raro nos permite escolher apenas entre males maiores e menores.

O que pode ser verdadeiro em um nível mais elevado — a não existência do mal, a realidade do Bem, da Verdade e da Beleza — torna-se falso no nível da dualidade. Aqui os poderes duplos, os opostos, existem, mantêm o mundo em sua oscilação. Negar o mal relativo neste nível é confundir diferentes planos de existência.

As forças obscuras e destrutivas existem na natureza e na vida. Colocá-las de lado, não levá-las em consideração e ignorá-las, é deixar em si próprio um ponto vulnerável.

O mal surge apenas quando um ser perde-se na ilusão da separatividade e do materialismo e entra, então, em conflito com outros. Não há um princípio definitivo e eterno do mal, mas existem forças do mal, entidades invisíveis que se extraviaram e que são tão poderosas em si mesmas que trabalham contra a bondade, a verdade e a justiça. Porém, por sua própria natureza, tais entidades estão fadadas à destruição; e mesmo seu trabalho de oposição, no final, é utilizado para o bem, tornando-se a força de resistência contra a qual a evolução testa suas próprias obras, a pedra na qual ela afia nossa inteligência, o espelho no qual ela aponta nossas falhas.

⊗

Quando um ego enfrenta outro ego e nenhum dos dois se rende, não um ao outro, mas à verdade, ambos irão sofrer.

⊗

Tão forte e profundo é o domínio que o ego exerce sobre você que a lisonja que reforça esse domínio é alegremente aceita, ao passo que a crítica que o enfraquece é rejeitada com irritação.

⊗

Mantenha um equilíbrio constante e afirme o que é positivo na vida, mesmo quando você critica e protesta contra o que é negativo.

⊗

Aquele que tiver de lidar com outras pessoas não pode permitir-se ignorar a duplicidade da natureza humana. Deixar de reconhecer isso conduz a conseqüências desastrosas. Não olhar tão-somente para o bem, nem apenas para o mal, mas permanecer emocionalmente desapegado ao reconhecê-los, é um atributo filosófico. Aquele que o possui não terá ilusão quanto às confusas motivações dos outros, mas, apesar disso, manterá a boa vontade com relação a eles. Assim deve ser, pois a fonte primária de toda a bondade irá inspirá-lo diária e constantemente a sempre manter tal atitude.

༺༻

Para se fazer uma crítica construtiva a alguém e evitar que isso seja tomado como uma reprovação dever-se-ia formular cuidadosamente as frases, como se uma sugestão útil estivesse sendo feita e não um ataque.

༺༻

Se uma crítica é por vezes necessária para que experiências mais desagradáveis sejam evitadas, que ela seja feita por meio de uma sugestão construtiva da qualidade positiva oposta, não se mencionando a negativa. Mas se for pouco provável que ela seja aceita, e uma advertência franca for o único meio possível, então ela deverá ser feita humilde e diplomaticamente.

༺༻

Controle da palavra. São necessários muito tato e sabedoria para se falar francamente com alguém e fazer alguma crítica construtiva ou alguma correção necessária sem ferir o outro. Porém, mesmo na falta de ambos, um grande amor levará ao mesmo resultado.

༺༻

Devemos ver as pessoas não apenas como são hoje, mas também como serão em um amanhã evolutivo. Se ouvirmos a voz da experiência, tenderemos a nos tornar céticos. Já a voz do Eu Superior nos tornará otimistas. Uma avaliação perspicaz da humanidade deveria combinar essas duas perspectivas, reconhecendo e não negando graves defeitos e fraquezas, mas ao mesmo tempo sendo tolerante e indulgente.

☙❧

Aconselhar aqueles que enfrentam problemas a fugir deles para obter alívio não os ajuda realmente, embora pareça fazê-lo. Para quem aconselha, geralmente esse é um caminho mais fácil do que compeli-los a encarar a desagradável realidade da necessidade inexorável de remover a causa trabalhando em si mesmos, uma vez que o problema é só um efeito, tendendo a repetir-se no futuro.

☙❧

A menos que formule sua resposta às críticas de forma cautelosa, meticulosa, moderada, suave e digna, você irá criar reações violentas e intolerantes, pois poucos são os que buscam a verdade e muitos os interessados em opiniões parciais. É pelo caráter calmo, equilibrado e justo de sua resposta, pela ausência de amargura, que você deve demonstrar que atingiu um nível superior ao daqueles que o criticam.

☙❧

O primeiro passo para se lidar com alguém com quem seja difícil conviver, que seja irritadiço, impulsivo, crítico, propenso a rapidamente ofender-se, de gênio explosivo e mal-humorado, é controlar em si mesmo aquilo que você deseja que o outro controle nele; é dar um exemplo por meio da autodisciplina, é estimular sua vontade superior e exprimir amor.

Quando for corrigir seus defeitos ou erros, lembre-se de que o que importa não é tanto o que você diz, mas como o faz. Se dito de maneira calma, gentil, bondosa e não-emocional, o que você disser será efetivo. Caso contrário, estimulará em seu ego antagonismo ou ressentimento e não obterá resultado satisfatório.

Todas as vezes que essa pessoa falar com você, não lhe responda imediatamente. Em vez disso, faça uma pausa, concentre-se nos perigos da situação e responda devagar, tendo especial cuidado em ser mais polido do que a circunstância exige. Se assim não fizer, o defeito do outro poderá imediatamente vir à tona e você também ficará suscetível a ele; então, ambos irão manifestá-lo. Lembre-se de que perceber um defeito é um fator irritante para ele e é como um veneno para o relacionamento de vocês. Corrija-o por meio de sugestões e afirmações positivas sobre o que deve ser feito, em vez de irritá-lo com críticas sobre o que não fazer.

Em resumo, externamente seja polido e, internamente, entregue seu ego. Apenas dominando primeiro a fraqueza em você é que poderá esperar que o outro faça o mesmo. Se ele é uma vítima infeliz do seu temperamento, ou seja, de seu ego, lembre-se de que ele é uma alma mais jovem que a sua e controle-se. Iamblichus nos conta que os discípulos de Pitágoras não puniam um servo nem censuravam ninguém durante um acesso de raiva, mas aguardavam até que tivessem recuperado a serenidade. Eles utilizavam uma palavra especial para designar tais formas de "reações autocontroladas", conseguindo essa calma por meio do silêncio e da quietude.

O próprio Pitágoras advertia que as feridas e cicatrizes que os conselhos às vezes causam deveriam ser minimizadas tanto quanto possível: "Repreensões e punições dos mais velhos aos mais novos deveriam ser feitas com muita delicadeza e bastante cautela. Também com muita solicitude e tato, o que torna a repreensão a mais cortês e útil possível".

Seja grato àquele que o critica, quer se trate de um amigo ou inimigo, pois se a crítica for verdadeira essa pessoa lhe estará prestando um real serviço. Ela pode apontar uma falha em seu caráter que você há muito negligencia, com resultados desastrosos para você e para os outros. Suas palavras podem levar você a corrigi-la.

ॐ

Ser tolerante para com os que têm crenças e opiniões diferentes — o suficiente para entender quais são e o porquê delas — exige a capacidade de desapegar-se temporariamente das próprias crenças. Naturalmente, isso não deve, de maneira nenhuma, ser feito rejeitando-as, mas apenas deixando-as onde estão, enquanto você se põe no lugar do outro a fim de entender seu ponto de vista. Tal capacidade não pode ser adquirida sem suficiente humildade e ausência de egoísmo, tornando assim possível que se acolha, mesmo que por um único segundo, um ponto de vista que nos desagrada.

ॐ

A tolerância para com os outros deve ir apenas até certo ponto; se ela começar a nos afetar negativamente, devemos abster-nos de ir além.

ॐ

Gandhi (e os pacifistas espirituais como ele) acreditavam que o amor dispensado a um homem como Hitler estimularia nele o mesmo sentimento. Isso é uma crença comum entre os místicos de todos os tempos. Quando posta em prática, percebemos que ela funciona em alguns casos, mas falha em muitos outros e, ao falhar, prejudica o criminoso, por fazê-lo acreditar que seus crimes continuarão impunes, e prejudica a sociedade, por ser um desvirtuamento de um bom ideal. Tudo, até mesmo o amor, deve ser oferecido na hora e no lugar certos, caso contrário, até uma virtude pode torna-se um vício. Não devemos nos esquecer daquele antigo e sábio provérbio latino que nos adverte que quando o melhor é corrompido, torna-se o pior.

          ❧

Calmamente reconheça que o sofrimento tem sua parte na tarefa de manifestar o plano divino, que as pessoas têm lições a aprender por meio dele que de outra forma não aprenderiam, e que esse sofrimento deveria, em tais casos, ser recebido com compreensão em vez de sentimentalismo neurótico. Encare o fato de que muitas pessoas não aprenderão por meio da razão, intuição ou ensinamento e que ninguém pode libertá-las de seus sofrimentos a não ser elas mesmas. Qualquer outro tipo de libertação é falso. Muitos podem conseguir isso hoje e ver a mesma condição retornar amanhã. Em certas situações que exigem decisões firmes, você não deveria, por exemplo, demonstrar injustificável fraqueza acreditando estar sendo tolerante, nem submeter-se ao egoísmo anti-social supondo estar sendo amoroso, nem abandonar suas maiores responsabilidades sob pretexto de manter uma paz falsa e superficial com a ignorância que o cerca, nem passivamente aceitar um erro flagrante com a justificativa de que a vontade de Deus deve sempre ser aceita.

          ❧

Numa situação negativa, quando críticas e emoções se exacerbam, outras pessoas podem tentar envolvê-lo ou, pelo menos, persuadi-lo a apoiar sua atitude e endossar suas críticas. Um sentimento, porém, pode surgir impedindo-o de assim proceder. Nesse caso, obedeça-lhe e permaneça em silêncio. O tempo irá confirmar que esse é o caminho correto.

O desejo de unificar os vários setores da vida, as diferentes crenças e atividades humanas — e a própria humanidade — é apenas um sonho. As diferenças existem e irão, com algumas modificações, assim permanecer mesmo sob a aparência de alguma animadora pseudo-Utopia de um mundo unificado ou de parte dele. Não há vantagem em negar tais diferenças, apenas auto-ilusão. A única união possível deverá advir da expansão interior, de um grande coração que não exclui nada nem ninguém; mas, ainda assim, não haverá uniformidade.

Não dizer "não!" a outra pessoa quando toda a prudência, inteligência, cautela e experiência nos impelem a fazê-lo é simplesmente covardia moral e verbal.

Se você precisar avaliar as motivações das pessoas e analisar seu caráter, faça-o somente para entendê-las, não para julgá-las. Não use isso para tagarelar sobre suas fragilidades pessoais.

Em geral, não existe um único fator responsável por um determinado mal, nem um único remédio que possa curá-lo. Reformadores têm, quase sempre, uma única visão e desviam nossa atenção de pontos importantes para que nos fixemos num único por eles escolhido. Não há dúvida de que são bem-intencionados, porém tendem a ser perigosamente fanáticos.

Tanto os conservadores que seguem a tradição quanto os progressistas rebeldes que se posicionam contra essa tradição podem ter algo válido a oferecer. Por que não admitir a verdade e examinar de maneira justa o que cada grupo apresenta? Por que reagir imediatamente contra ou a favor das idéias, levando em consideração apenas a fonte da qual se originam? É melhor para todos que haja boa vontade para acolher o outro, para que se possa ter uma visão global e só então tomar alguma decisão.

ෆෂඌ

Essas raras naturezas que demonstram boa vontade e irradiam tolerância que, com calma e sem esforço aparente, não se deixam afetar por situações que provocam indignação, nem por pessoas extremamente irritantes, representam um ideal. Este ideal não é impossível e pode ser alcançado aos poucos, se você fielmente praticar a meditação construtiva sobre os benefícios da calma, bem como sobre as desvantagens da cólera.

ෆෂඌ

A capacidade de expulsar da mente os pensamentos negativos é tão valiosa que um esforço diário e deliberado nesse sentido realmente vale a pena. Isso é verdade, tanto no que diz respeito aos pensamentos criados pela própria pessoa, quanto àqueles provenientes do mundo externo, sejam eles captados inadvertidamente de outras pessoas ou absorvidos em razão da suscetibilidade ao ambiente que a cerca.

ෆෂඌ

A mesma energia que é colocada em pensamentos negativos, tais como medo, mágoa, vingança e discórdia, que prejudicam a própria pessoa, pode ser colocada em pensamentos positivos, tais como coragem, alegria, força, benevolência e calma, para seu próprio benefício.

Sua natureza inferior não lhe permite manter esse estado de espírito de elevadas resoluções por muito tempo. Após alguns dias, ela já começa a desencorajá-lo, pois os velhos desejos, hábitos e tendências emocionais ainda estão presentes e passam a importuná-lo novamente. "Por que tentar?", pergunta ela de forma desanimadora, "Por que atormentar-se inutilmente? Com certeza você irá falhar no final." Assim, ela cria a expectativa do fracasso e transforma sua elevada aventura em uma triste provação. Somente uma firme e vigilante determinação e uma abordagem correta trarão o consentimento interno para os novos hábitos disciplinares tão necessários ao sucesso. Apenas reeducando suas tendências e levando-as a adaptar-se de forma gradual ao modo correto de vida é que nossa natureza inferior pode ser vencida.

Quando sucumbimos a estados de abatimento, desesperança e fraqueza, estamos condenados. Quando triunfamos sobre eles, estamos salvos.

O pessimismo é derrotismo e suicídio psicológico. É filho do desespero e fonte de destruição.

Devemos substituir em nossa mente todo impulso negativo por uma referência imediata à força do Eu Superior, todo pensamento pessimista por uma invocação à sua infinita bondade. Dessa maneira, elevamos nosso caráter, tornando-o mais nobre.

Se você tiver o cuidado de cultivar em sua mente apenas pensamentos elevados, positivos e construtivos, se permanecer vigilante de forma a afastar todos os que forem negativos e destrutivos, essa simples técnica manterá sua mente sempre tão ocupada com os pensamentos e sentimentos corretos que você, aos poucos e sem se dar conta, conseguirá eliminar os incorretos de forma total. Assim, seu caráter irá se transformar e aproximar-se de seus ideais.

A maldade é fator dominante no mundo e às vezes as pessoas que aspiram ao bem tornam-se desencorajadas e deprimidas. É em tais momentos que elas necessitam recordar qualquer vislumbre que tenham tido da Realidade e lembrar-se de que todas as coisas passam, inclusive o mal.

Por que agravar uma situação obscura ou difícil? Não é suficiente ter de suportá-la e você ainda acrescenta a ela suas emoções negativas e pensamentos destrutivos? Mantenha-os afastados.

A menos que algum capricho do destino o coloque em uma situação pública na qual o dever e a responsabilidade o obriguem a fazer críticas e expressar idéias negativas, você deve preferir ressaltar o bem e a beleza, para irradiar harmonia.

Um exercício útil de meditação é visualizar antecipadamente, por meio da imaginação, um encontro que provavelmente ocorrerá em um futuro próximo com uma determinada pessoa ou com pessoas com quem você trabalha, convive ou está associado, e que poderá resultar em provocação, irritabilidade ou ira. Visualize o fato com os olhos da mente, antes que ele realmente aconteça no plano físico e, de forma construtiva, imagine-se passando por ele de maneira calma, serena e controlada, exatamente como deveria ser ou como você gostaria que fosse naquela ocasião.

ೞ

Na proporção em que mantiver seu ego afastado de suas reações ante um inimigo, você estará protegido dele. Seu opositor não deve apenas ser tratado com calma e neutralidade, mas também com um perdão positivo e um amor ativo. Isso somente é possível quando há um elevado grau de compreensão. Esteja certo de que se você assim proceder, o bem no final emergirá. Mesmo se esse bem fosse apenas o desabrochar da capacidade latente de dominar as emoções negativas, já seria uma recompensa suficiente. Porém, é mais do que isso.

ೞ

Do grau de autoridade que você conferir ao Eu Superior dependerá o grau de poder que você receberá dele para vencer sua natureza inferior.

ೞ

É mais fácil resolver problemas e superar dificuldades quando os enfrentamos com uma atitude positiva e corajosa, e isso significa encará-los com alegria e esperança.

ೞ

Aqueles que conseguem se concentrar apenas nas dificuldades das situações com que se defrontam, nos perigos das soluções que lhes são oferecidas ou nos sacrifícios que elas demandam, jamais as resolverão.

ೞ⊱೦

O hábito de recusar-se a aceitar as aparências do mal ou da ilusão e de penetrar as realidades do bem e da verdade faz vir à tona e revela a capacidade de purificar e curar essas aparências.

ೞ⊱೦

Estamos sempre influenciando os anos vindouros com nossos pensamentos. A importância deles na formação do ambiente externo, o valor da imaginação para criar circunstâncias e o hábito de visualizar o tipo de vida a que aspiramos devem ser impressos e reimpressos em uma geração que tem de sair da perspectiva puramente materialista. Por esse duplo processo de nos voltarmos para nossa fonte divina e controlarmos nossos pensamentos, podemos começar a controlar nossa vida externa de maneira extraordinária.

ೞ⊱೦

Você descobrirá o quanto seu ambiente e até seu trabalho são projeções de sua personalidade e dos pensamentos que contribuem para a sua formação.

ೞ⊱೦

Aquilo que experimentamos internamente como pensamento deve, se for forte e bastante concentrado, manifestar-se externamente nos acontecimentos, no ambiente ou em ambos.

Nossa existência como seres humanos está condicionada, e às vezes até dominada, pelas circunstâncias. Freqüentemente gostaríamos de modificá-las, mas isso requer controle, e controle subentende poder, e poder depende de conhecimento. Essa é a justificativa apresentada pela filosofia. Quando compreendemos corretamente sua doutrina de que a mente constrói sua experiência, seu ambiente e seu mundo, entendemos estar implícito que uma transformação em nosso ambiente somente pode advir por meio de uma transformação do nosso modo de pensar. O pensamento é criativo; suas características e qualidades estão continuamente nos influenciando e a nosso ambiente.

Dificuldades internas e externas freqüentemente estão relacionadas. O que parece ser uma situação crítica pode bem ser um ataque decisivo de certas forças malignas utilizando instrumentos humanos que estejam dispostos a isso. Em tal situação, você não deveria jamais deixar de resistir mas, pelo contrário, lutar contra elas tanto quanto possível. Ao mesmo tempo, deve lembrar-se de que se não houver suficiente autocontrole, você pode dar a essas forças do mal uma abertura que de outra maneira elas não teriam. Deve estar vigilante se desejar sair vitorioso dessa luta. Se você mesmo não se livrar dessa condição, sem se dar conta, irá erigir uma barreira que dificultará a intervenção da ajuda divina que lhe é enviada. Embora em tal situação seja compreensível tentar buscar alívio, por exemplo, no caminho fácil da bebida, você deve, no entanto, lembrar-se de seu dever para com sua vida espiritual, seus relativos interesses pessoais e para com os outros.

Aquele cujo nome tenha se tornado bastante conhecido em certos círculos, ainda que limitados, de forma a tornar-se uma figura pública, deve precaver-se contra os perigos que cercam essa sua posição. Deve ser especialmente cauteloso com aqueles que tentam arrancar dele conversas confidenciais com o intuito de no futuro trair sua confiança.

Embora deva dar o melhor de si para a vida externa, você não deveria entregar-se inteiramente a ela, mantendo em algum lugar em seu coração uma certa reserva, uma independência espiritual. É nesse lugar secreto que você deve reverenciar o Eu Superior, amá-Lo e a Ele se render.

Quando aprendemos a aceitar nossas próprias limitações e com elas seguir adiante, não só alcançamos maior paz, mas também uma ação mais efetiva, pois viver sonhando com coisas impossíveis de se realizar significa viver em vão.

O julgamento imparcial é uma qualidade se a pessoa for bem informada. Caso contrário, torna-se prejudicial.

Levando-se em conta a fragilidade humana, a conduta das pessoas jamais deveria nos surpreender ou espantar. Ao não esperarmos demais delas, evitamos amargura e desapontamentos desnecessários.

A tolerância é necessária se quisermos viver em sociedade com um mínimo de harmonia. Para o filósofo, ela surge facilmente como resultado natural de sua evolução. Porém, não deve ser praticada em detrimento dos igualmente necessários atributos da prudência e cautela. Há um ponto em que ela deve cessar, e a partir do qual ela acarretará mais mal do que bem.

୧୨୫୦

Isso é o que você deve aprender — e só pode ser aprendido pela experiência e não por meio de livros: como manter um perfeito equilíbrio entre a abertura para o seu centro sagrado e a eficiência em atender as exigências do mundo. Isso é responder ao chamado de Jesus para estar no mundo sem ser do mundo, a união da atividade exterior com a quietude interior.

୧୨୫୦

Dessa calma profunda valiosas qualidades emergem: coragem ante as vicissitudes da vida, força quando há batalhas a serem vencidas e sábia percepção quando problemas surgem.

୧୨୫୦

À medida que o centro de sua consciência se transfere para níveis mais profundos do ser, a paz mental torna-se cada vez mais constante. Isso por sua vez influencia a maneira com que você lida com suas atividades no mundo. A impaciência e a ignorância desaparecem, a raiva que a maldade provoca é disciplinada, a falta de coragem diante das adversidades é controlada e o stress gerado pelas pressões diminui.

୧୨୫୦

Você deve a todo custo, em qualquer situação, cultivar uma profunda calma para que suas emoções jamais o tomem de surpresa. Você deve sempre manter seu autocontrole, de modo que nenhuma situação o encontre internamente despreparado para ela.

※

Assim como um espelho de face plana irá devolver de maneira correta uma imagem do que quer que seja posto à sua frente, uma mente devidamente aquietada registrará objetos, criaturas e pessoas tais como são e não deturpados por distorções, preconceitos ou expectativas. Aquele cujo ser for purificado, controlado e concentrado será capaz de viver no mundo e ainda assim não pertencer a ele, de passar pelas experiências e acontecimentos terrenos e ainda assim não ser por eles afastado de seu centro de quietude.

※

Pela prática você aprenderá a disciplinar suas próprias reações emocionais diante de qualquer situação, por mais provocativa ou irritante que possa ser. O cultivo da calma interior e da neutralidade deverá ser estabelecido como uma meta necessária.

※

Mesmo que uma situação se torne bastante crítica, não se desespere. A primeira coisa a fazer, depois do choque inicial, deveria ser restabelecer e manter a calma; o segundo, refletir sobre o que fazer — uma questão para a qual você deveria contar não apenas com a mente, mas também com a intuição.

※

Problemas atuais devem ser postos mentalmente a uma distância tal que permita que a calma interior seja restabelecida; assim poderão ser tratados de forma muito mais adequada.

಄

A quietude tem poderes mágicos. Ela acalma, restaura, cura, instrui, guia e substitui o caos e o tumulto pela ordem e harmonia.

಄

Um segredo para preservar a quietude ao retornar à atividade externa é não se deixar apressar, nem mesmo parecer apressado. Cultive sempre uma atitude tranqüila.

಄

Um acontecimento inesperado e desagradável que pode surpreendê-lo a ponto de fazer com que você perca o controle é outra possibilidade para a qual uma mesma regra se aplica — levante-se após cada queda.

಄

A melhor maneira de encontrar a paz, quando estiver perturbado por um problema ou situação difícil, é afastar-se do turbilhão de pensamentos e voltar-se para o silencioso centro interior. Quando for encontrado e antes de deixá-lo, peça a ele a orientação necessária. Deixe que ele guie aqueles pensamentos.

಄

Como obter domínio sobre circunstâncias desfavoráveis das quais você não é capaz de fugir? Só há um caminho e ele está totalmente dentro de você. Afaste seu pensamento de tais circunstâncias e fixe sua mente no radiante Poder em seu interior. Assim, você será elevado.

☙❧

Há situações extremamente difíceis e circunstâncias que podem parecer impossíveis de suportar. É então que aqueles que aprenderam a se recolher em seu interior, a se voltar para sua fonte, podem encontrar auxílio e força.

☙❧

A quietude não pode ser comparada a um vão e indolente devaneio. É dinâmica, criativa e curadora. A presença de alguém capaz de atingi-la é uma dádiva, uma bênção para todos, apesar de a maioria nem perceber isso.

☙❧

Ao voltar a mente em direção ao Divino em seu interior, quando na presença de pessoas discordantes, você silencia pensamentos agressivos e afasta sentimentos dolorosos. Essa prática de se voltar freqüentemente para o próprio centro é necessária, não apenas para o crescimento espiritual, mas também para a autoproteção. Tudo e todos à nossa volta exercem forte influência sobre nossa mente, e esse é o melhor meio de livrar-se desse fluxo incessante de sugestões.

☙❧

É esse trabalho interior no Silêncio que alcança os níveis mais profundos e que no final traz os maiores resultados. O mundo não entende isso, o que explica suas atividades ruidosas e superficiais responsáveis pelo caos e a desordem de nossa época.

2
BUSCANDO FORÇA E ORIENTAÇÃO

Se uma situação inevitável ou inalterável provoca ansiedade, o primeiro passo deveria ser reunir todas as suas forças para calmamente enfrentá-la. O segundo, voltar-se para o poder superior, suplicando ajuda por meio da quietude e da meditação.

É mais fácil conseguir fazer um julgamento correto numa atmosfera calma. Ele se torna confuso, perturbado ou mesmo bloqueado pela paixão, tensão ou fortes estados de ânimo negativos, tal como a depressão.

※

Você terá maior probabilidade de obter luz sobre seu problema se evitar sentir-se tenso ou frustrado por causa dele.

※

Por mais difícil que um problema nos possa parecer, se pudermos abandonar nossa atitude egoísta com relação a ele e deixar de lado as emoções negativas, a melhor solução possível irá espontaneamente ocorrer. Há uma verdadeira mágica nessa mudança de pensamentos e sentimentos. Ela abre a porta para o poder superior e permite que ele venha em nosso auxílio.

※

Seja qual for a dificuldade, você certamente irá encará-la melhor e resolvê-la mais rapidamente se a maneira prática e racional pela qual normalmente essas situações são resolvidas for guiada e iluminada pelo Eu Superior. Se você permanecer constantemente em Sua eterna presença e poder curador, isso irá ocorrer.

※

É bom retirar-se por um tempo a fim de banhar-se nas águas dos pensamentos mais profundos — não para escapar da vida, mas para adquirir uma fé mais forte para viver, uma visão mais clara para agir, e um impulso verdadeiro para tudo o que fizer.

É digno de piedade aquele que não tem tempo para voltar seu pensamento para Deus ou contemplá-Lo. Na escala dos valores reais, seus afazeres, seus assuntos pessoais são de fato inúteis, uma vez que não foram guiados, protegidos e inspirados pelas verdades, leis e intuições resultantes desses recolhimentos.

Ante a objeção de que dedicar-se ao autoconhecimento não ajuda o mundo nem resolve seus problemas, a resposta é: primeiro, que ela é justamente uma das formas de ajudarmos o mundo; segundo, que ela nos aproxima da fonte de inspiração e criatividade, de maneira que possamos perceber melhor como resolver aqueles problemas; e terceiro, que de qualquer forma o isolamento é temporário, e a cada retorno à sociedade seremos indivíduos melhores.

Se, ao lidar com uma situação, você for tomado pela ansiedade ou pressionado pela tensão, considere isso como um sinal de alerta de que a está conduzindo apenas com o ego, ou seja, você esqueceu ou deixou de recorrer ao poder superior e de colocar tal situação em suas mãos.

Nenhum outro ato é tão urgente ou tão importante quanto o de voltar seu pensamento e lembrança, amor e aspiração para o Eu Superior. Se assim não fizer e, ao invés, dirigir sua atenção somente para a ação externa que tanto o absorve e tanto exige de você, ficará tão tenso que poderá incorrer em algum erro que lhe acarretará sofrimento. Mas, se primeiro voltar-se para o Eu Superior e em seguida agir, você se elevará à calma interior e seu julgamento será mais sábio.

⚜

A necessidade de tomar uma decisão rápida pode gerar pânico em uma mente indecisa. Aqui, mais uma vez, o melhor conselho é que se entre no Silêncio, afastando os pensamentos que provocam ansiedade, e que se aguarde pacientemente que a quietude mental se manifeste. Somente então a intuição poderá emergir.

⚜

Você consegue colocar seus problemas, interesses e dificuldades pessoais nas mãos do poder superior? Essa é a primeira e a última coisa que deve fazer. Mas entre uma e outra, você pode ter que recorrer à razão, observação, experiência, autoridade e conhecimento especializado.

⚜

A necessidade de guiar sua vida pessoal de forma mais intuitiva surge após você cometer um grande erro e sentir seus efeitos. Você percebe, então, que não é suficiente utilizar o intelecto, nem seguir o impulso, nem agir pela emoção, pois isso o levou a sofrimentos que poderiam ter sido evitados ou prejudicou outras pessoas, o que lhe trouxe arrependimento. Você aprende, então, que é necessário escutar seu interior e aguardar no silêncio da mente que a intuição surja e o guie.

⚜

Adote a prática infalível de voltar-se para seu interior nos momentos em que necessitar de ajuda ou orientação.

※

Quando estiver bem consciente da presença do Eu Superior, você perceberá que ele espontaneamente lhe irá indicar uma regra de conduta e um padrão de ética para cada momento e cada circunstância. Conseqüentemente, você nunca ficará sem saber o que fazer em situações morais difíceis, nem como agir diante de desafios. E com esse conhecimento virá também o poder para enfrentá-los.

※

Ao encontrar a divindade dentro de si mesmo, você também encontrará o Bem do qual se originará a boa vontade para com todos. Isso é realmente amor ativo em um plano mais alto, amor purificado do ego e livre de vulgaridades.

※

O Eu Superior não é nem um frio conceito metafísico, nem uma onda passageira de emoção. É uma Presença — sublime, sagrada e benéfica — que preenche seu coração, pensamento e corpo físico com Seu misterioso poder, fazendo-o olhar a vida de um ponto de vista mais nobre.

※

Apenas quando agimos de acordo com o Eu Superior podemos realmente dizer que estamos agindo corretamente, pois só então nossas ações podem ser sábias e virtuosas, em última instância, mais benéficas para nós mesmos e para os outros.

ଓଡ଼ିଆ

Desse profundo e misterioso centro em seu interior, você irá atrair força para suportar os infortúnios com firmeza, sabedoria para lidar com as situações sem posteriores arrependimentos, e discernimento para manter os grandes e pequenos valores da vida cotidiana em uma perspectiva adequada.

ଓଡ଼ିଆ

É dessa fonte que você irá conseguir tanto a força para vencer as tentações como o amor para não se deixar atingir pelo ódio de outras pessoas.

ଓଡ଼ିଆ

Contra os perigos e dificuldades deste mundo, recorra sempre em primeiro lugar a uma breve meditação voltada para o todo-poderoso e sábio Eu Superior e somente depois utilize os recursos do ego humano.

ଓଡ଼ିଆ

O poder do Eu Superior de alterar circunstâncias, criar oportunidades e dar proteção às pessoas está disponível a todo aquele que preencha os requisitos necessários. Estes incluem uma certa preparação mental e purificação moral, uma clara percepção do fato de que o Eu Superior está presente aqui e agora, uma imediata e constante lembrança desse fato e, finalmente, a disposição de confiar plenamente na sua providencial ajuda e proteção, não importa quão indesejável ou intolerável uma situação possa parecer.

ଓଡ଼ିଆ

Não são necessárias muitas palavras para transmitir o que o Eu Superior tem a dizer. De sua presença emanam a verdade, o poder e a virtude.

⊗

Todo aquele que encontrar seu Eu Superior e for por Ele inspirado a servir aos outros, irradiará a eles alegria, confiança e paz.

⊗

Entregue seu ego ao Eu Superior e Ele, então, o usará como deve ser usado — em harmonia com as leis cósmicas da existência. Isso significa que o bem de todos os envolvidos na situação será levado em consideração, inclusive o seu próprio.

⊗

Quando você finalmente tomar consciência da divindade em seu interior, irá perceber sua luz refletida em todos os outros seres humanos que encontrar.

⊗

Em todas as situações e circunstâncias, você tem acesso à sabedoria e proteção infinitas. Mas isso você conseguirá apenas na medida em que submeter seu ego ao Eu Maior.

⊗

Há uma luz interna em todas as pessoas que, com o tempo, pode transformar seus confusos questionamentos em sólidas certezas. Deve-se salientar que problemas difíceis, que o intelecto por si só não pode resolver e preocupações desgastantes sobre as quais nossa experiência passada não traz nenhuma luz, podem facilmente ser esclarecidos e solucionados, se adotarmos esse método prático de utilizar a intuição com relação a eles. Dentre todos os vários poderes da mente, um dos mais valiosos é uma intuição desenvolvida de forma adequada. Ela sempre adverte sobre os caminhos errados e indica os corretos. "Às vezes tenho uma sensação, na verdade eu a tenho muito fortemente, uma sensação de interferência... de que uma mão está me guiando", confessou Winston Churchill em um discurso em outubro de 1942. A intuição, além disso, pode nos ajudar e apaziguar nossos medos, enquanto a razão simplesmente os alimenta.

☙⚜❧

A intuição deveria dar ordens que o intelecto teria de cumprir. O raciocínio e o senso prático necessários para isso e para viabilizar seus detalhes serão então fornecidos pelo próprio intelecto. Mas a função original de indicar a direção e a autoridade para dar a ordem caberão somente à intuição.

☙⚜❧

A sutileza e a profundidade de suas intuições irão aumentar de acordo com a rapidez, prontidão e obediência de sua resposta a elas.

☙⚜❧

Seus problemas permanecerão sem solução enquanto você não perceber que a resposta para eles está dentro de você mesmo e preferir a explicação fácil e superficial de que ela está em seu ambiente.

☙⚜❧

Quando necessitarmos de orientação para tomarmos uma séria decisão ou darmos um passo importante, devemos entrar no Silêncio. É possível que não possamos obter rápida ou diretamente uma resposta mas, se formos bastante experientes nesse tipo de busca, uma luz poderá emergir da escuridão e brilhar sobre o nosso problema.

ೞ⁊

Neste silêncio da mente todas as perguntas poderão encontrar algum tipo de resposta e nenhuma questão que para lá for levada com suficiente freqüência ficará sem solução no devido tempo. É necessário ser paciente e ter fé durante o período de espera. O instrutor interno certamente está lá, mas temos de ir ao encontro dele.

ೞ⁊

Quando uma decisão tem de ser tomada e diferentes aspectos da natureza da pessoa a arrastam para diferentes direções, criando um conflito interno, desorientação e tornando impossível uma firme decisão, o que o aspirante tem a fazer? Buscar a verdadeira orientação, entregando primeiramente os problemas ao Poder Supremo. Essa entrega é mais bem formulada por meio de uma sincera oração, na qual há também um desejo sincero de inicialmente compreender e em seguida aceitar a orientação. Isso deve ser feito com o máximo grau de concentração e sinceridade, procurando descobrir a Vontade Maior e estando pronto para submeter-se a ela, mesmo que isso contrarie seus desejos pessoais. Depois, aguarde calmamente com fé, por dias e mesmo por semanas, que a solução do problema surja. Se não vier diretamente de dentro como uma certeza intuitiva, poderá vir por algum acontecimento ou contato, ou por uma tendência que esteja se delineando nas circunstâncias externas que aponte para uma direção específica.

৩৮০

Por mais difíceis que possam ser as circunstâncias de sua vida material, agarre-se à fé na real existência do Eu Superior, e acredite que se você buscar Sua orientação, Ele o conduzirá à mais sábia solução para seu problema. Isso nem sempre, e não necessariamente, significa que você deva interromper seus esforços pessoais. Pelo contrário, você deveria usar o máximo de seu raciocínio e julgamento e também consultar outros com mais experiência ou habilidade que você. Mas, depois de fazer o que estiver ao seu alcance, deveria entregar seu problema ao Eu Superior. Você deve provar que realmente o entregou, livrando-se da ansiedade no que diz respeito ao resultado. Deve ter confiança de que o poder mais alto, que está sempre com você, pode suprir suas necessidades. Deve também ser bastante paciente para esperar e corajoso para aceitar uma solução que contrarie seu egoísmo. Então, uma ajuda externa, ou uma orientação interna ou ainda uma resposta para o seu problema surgirá.

৩৮০

Quando você se volta para o poder superior para solucionar um problema, o que está fazendo? Primeiro, você está evitando que o ego tente resolver a questão. Segundo, está colocando qualquer outra pessoa envolvida aos cuidados do Eu Superior, ou inserindo a situação na harmonia universal. No primeiro caso, a solução não mais ficará limitada à curta visão de seus desejos, nem à superficial penetração de seu intelecto. No segundo caso, a pessoa será entregue aos poderes regeneradores, renovadores e pacificadores do Eu Superior ou a situação será solucionada por meio da natureza mentalista do universo, da melhor maneira possível, visando o bem de todos os envolvidos.

Esse procedimento não é uma prática sugerida por instrutores visionários, pois tem início observando-se a condição real, por mais desagradável ou delicada que possa ser. O indivíduo analisa, de todas as maneiras possíveis ao seu alcance, a natureza, as causas e os efeitos daquela condição. Somente então é que se afasta da difícil realidade e tenta ver a gloriosa idealização suprema. A partir do momento em que ele reconhece conscientemente o Eu Superior e Sua perfeição, abre-se a porta para Seu poder.

꿍

Nem sempre é fácil saber o que fazer em certas situações e isso pode provocar ansiedade e indecisão. Nesse caso, é aconselhável aguardar um pouco e, antes de adormecer, orar pedindo orientação ao Eu Superior. Então, logo após acordar, ou melhor, naquele breve estado entre o sono e a vigília, você deveria permanecer atento a qualquer pensamento, mensagem ou imagem que se apresente. Pode ser necessário repetir isso dia após dia, até obter um resultado satisfatório.

꿍

Antes de dormir, coloque para si mesmo as questões que o perturbam e as respostas poderão estar lá, esperando por você, ao despertar.

꿍

Dedique alguns minutos diariamente para, em silêncio, entregar seu problema ao poder superior, reconhecendo que você fez o que pôde, e orando do mais profundo de seu coração pela solução correta. Entretanto, de maneira nenhuma determine qual deva ser a solução. Com relação aos problemas do passado, reflita sobre a lição que existe por trás de seu sofrimento, reconheça os erros e arrependa-se deles. Então, aguarde e observe o que acontece durante as próximas semanas ou meses. A vantagem desse método é que ele "funciona"; a desvantagem é que ele nos indica o melhor para avançarmos no caminho espiritual, o que nem sempre coincide com nosso desejo pessoal mas, sem dúvida, a longo prazo, é o melhor para nós. Diante de circunstâncias adversas, o importante é adotar e manter uma atitude de entrega — não a uma outra pessoa, mas ao Eu Superior.

॰॰॰

Ser guiado intuitivamente não significa que todos os problemas serão resolvidos de imediato, tão logo apareçam. Algumas soluções não chegarão à consciência até quase o último minuto. Aprenda a ser paciente, a deixar o poder superior agir.

॰॰॰

É um erro supor que a orientação que se busca deve necessariamente revelar-se toda de uma vez. Isso pode acontecer, embora em geral ela indique apenas o próximo passo a ser dado ou a próxima verdade a ser assimilada. Os passos seguintes ficarão aguardando até que isso aconteça. Por que deveriam ser revelados antes que tivéssemos demonstrado nossa fé na primeira orientação já dada e nossa disposição de colocá-la em prática?

॰॰॰

Não há um único padrão que uma vida guiada intuitivamente deva seguir. Algumas vezes você verá, num rápido momento de discernimento, tanto o caminho como o destino final; outras vezes, no entanto, verá apenas o próximo passo à frente e terá de manter a mente aberta, tanto no que diz respeito ao passo seguinte quanto aos demais.

॰॰॰

Com freqüência, a intuição não surge até o momento em que uma ação, decisão ou mudança esteja prestes a acontecer. Assim, você deve esperar pacientemente até que isso ocorra, não permitindo que o intelecto ou a imaginação construam planos fantasiosos, que podem ser anulados pelo aparecimento da intuição.

સે

Entenda que o destino com freqüência se desenrola como um jogo de xadrez. Se você não está conseguindo visualizar imediatamente o caminho para o sucesso em sua carreira ou a solução de um problema, deve procurar descobrir o primeiro passo naquela direção. Somente após ele ter sido dado é que o segundo irá se mostrar, e depois o terceiro, e assim por diante. Aprenda a detectar os primeiros indícios de uma oportunidade, embora ela mesma ainda não esteja visível.

સે

Você deve esperar por tempo indeterminado até que a intuição forneça a resposta necessária; se o problema for mais urgente, aguarde apenas por um certo período e, então, reveja a situação, peça humildemente orientação e force uma decisão, mesmo que seja arriscada.

સે

Não se apegue rigidamente a nenhum rumo que você tenha traçado para uma ação, mas permaneça sempre aberto à mudança indicada por uma orientação superior. Saiba que tal indicação pode vir de dentro, intuitivamente, ou por meio de alguma circunstância externa.

સે

Depois que tiver refletido bastante sobre seu problema, afaste-o por completo da mente e aguarde passiva e pacientemente, entregando-o ao nível intuitivo dentro de você. Se puder aprofundar-se o suficiente em sua concentração, você irá atingir esse nível e poderá instantaneamente dele receber uma solução. Se não conseguir, será necessário tentar novamente, talvez até várias vezes. Então, seja durante essa contemplação passiva, ou inesperadamente durante o dia, ou ainda, subitamente ao acordar, a resposta para a sua pergunta poderá se apresentar como um fato claro e explícito.

◊

Você não deve ter uma idéia preconcebida de qual deveria ser a resposta, pois assim você impõe antecipadamente a solução dúbia do ego sobre a da Mente Superior. Em vez disso, deveria ser bastante imparcial e aguardar a resposta, assim como procurar obedecê-la de maneira totalmente livre.

◊

O ponto essencial é que você deveria estar constantemente atento à intuição em seu coração, não permitindo que o egoísmo, as emoções, a ilusão ou a paixão o afastem dela.

◊

Busque o centro de gravidade interior e tente nele permanecer. Procure evitar ser dele afastado pelas emoções e paixões, suas ou de outras pessoas, pelas ansiedades e problemas — em resumo, pelo ego.

◊

Em todas as ocasiões em que a intuição não se manifestar imediatamente e o julgamento do intelecto for duvidoso, a prudência sugere uma pausa.

ඏඏ

Se não ficarmos continuamente atentos à intuição e não nos submetermos a ela, perderemos muito tempo corrigindo os erros cometidos ou curando doenças que poderiam não ter ocorrido, ou ainda, lamentando as adversidades que o poder da vontade poderia ter evitado. Nada disso é a vontade de Deus, mas sim o resultado de nossas próprias ações.

ඏඏ

Você irá descobrir, se aceitar essa orientação intuitiva, que, embora as circunstâncias desfavoráveis possam permanecer as mesmas, inalteradas, sua atitude com relação a elas irá mudar. Essa mudança interior lhe trará a força, a calma e a sabedoria para lidar corretamente com elas.

ඏඏ

Ao decidir uma questão, se a intuição não for bastante clara, é melhor aguardar até que todos os fatos favoráveis sejam conhecidos e haja completo discernimento sobre aqueles desfavoráveis.

ඏඏ

Não se deve agir nem de forma precipitada, nem tarde demais. Aguarde a ocasião apropriada com paciência. Ela lhe será revelada, se você for sensível à intuição. Mas, se surgirem dúvidas, desejos ou sugestões de outras pessoas, você pode não perceber o momento certo e perder a oportunidade.

ඏඏ

Tudo que for adequado para uma determinada situação deve ser feito; regras não devem ser obedecidas cegamente.

☙❧

Embora um julgamento adequado possa levar a uma decisão específica, uma necessidade inexorável pode exigir uma decisão bastante diferente.

☙❧

Como você pode saber se a orientação interna é uma intuição verdadeira ou apenas uma pseudo-intuição? Uma das maneiras é considerar se ela tende a beneficiar todas as pessoas envolvidas em uma situação. A palavra "benefício" aqui deve ser entendida de uma maneira ampla, deve incluir o resultado espiritual, bem como o material. Se a intuição não produzir esse resultado, é porque houve intromissão do ego e, então, há possibilidade de erro.

☙❧

A intuição pode ser lenta ao revelar-se mas, quando o faz, a certeza interior que ela oferece, a firme consciência de estar certo, irá capacitá-lo a agir pronta e decididamente.

☙❧

A intuição traz consigo uma certeza. Aqueles que já possuem experiência, e que são capazes de reconhecer seus sinais autênticos, podem com segurança aceitá-la e nela confiar plenamente. Mas o iniciante e o inexperiente precisam checá-la e testar sua veracidade para não serem iludidos por alguma falsa idéia aparentando ser verdadeira, ou por algum impulso que se presume ser real.

A intuição não irá enganá-lo, mas sua mente consciente, que é o agente receptor, pode fazê-lo, deturpando parcial ou totalmente a mensagem ao dar lugar a exageros, extravagâncias ou a ilusões, e assim gerando esperanças vãs ou medos infundados. Como conseqüência, quando você supõe estar sendo infalivelmente guiado pela intuição, pode estar sendo, na realidade, guiado pela pseudo-intuição, que é algo bastante diferente. Você pode acreditar que está obedecendo a uma orientação superior, quando na verdade não está.

A situação é, portanto, bem menos simples e mais complexa do que a maioria das pessoas acredita. Obter a orientação intuitiva quando, por exemplo, você se depara com dois ou mais rumos conflitantes que uma ação pode tomar, não é tão fácil quanto parece, e menos ainda em momentos de dificuldade, pois nessas horas você irá naturalmente agarrar-se a qualquer coisa já conhecida ou não, predeterminada por um conjunto de fatos ou circunstâncias como sendo o melhor caminho para sair dessa situação. Desejar uma determinada coisa, acontecimento ou ação pode gerar em sua mente uma pseudo-intuição. Se quiser precaver-se contra isso, você deveria buscar confirmação de outras fontes, especialmente do raciocínio correto. De novo, o primeiro pensamento que entrar em sua consciência, depois de você ter decidido buscar tal orientação e ter entregue esse assunto para a mente mais profunda, não é necessariamente uma intuição autêntica. Nem o segundo, nem o terceiro pensamento e assim por diante. Para se receber corretamente a intuição, é necessário paciência. E isso, com muita freqüência significa que você deve aguardar, talvez por diversos dias, ou até semanas. A intuição verdadeira na realidade estava presente em você durante todo esse tempo, mas os obstáculos para conhecê-la também. Portanto, não perca a orientação interna por causa da pressa, nem crie uma falsa idéia para substituí-la; não basta afirmar que as verdades intuitivas são evidentes por si mesmas. O que parecia evidente para você há vinte anos, pode agora parecer uma ilusão. Confirme por meio da razão a sua intuição.

 ☙

A correta distinção entre as intuições verdadeiras e as falsas e entre as impressões pessoais e as impessoais é decorrente de uma perfeita disciplina da consciência e de uma cuidadosa vigilância sobre os sentimentos.

☙

Fique atento para que seus interesses pessoais não interfiram na veracidade de suas intuições e reflexões.

☙

O decorrer do tempo irá provar a veracidade ou falsidade de seus julgamentos. Observe cuidadosamente esse resultado final e compare-o com os sentimentos que o dominavam na época em que tomou suas decisões. Dessa maneira você poderá aprender a perceber por si mesmo a diferença entre as características de uma intuição verdadeira e de uma falsa.

☙

Quando tiver examinado um problema de todos os ângulos, não apenas com os poderes mais aguçados da mente, mas também com as qualidades mais elevadas do coração, você deverá, então, entregá-lo ao Eu Superior e não pensar mais no assunto. A técnica para se fazer isso é simples, e consiste em aquietar-se. No momento em que se abandona o problema, triunfa-se sobre o ego. Essa é uma forma de meditação. No princípio, isso é um reconhecimento da sua incapacidade em lidar com o problema, um reconhecimento das limitações pessoais, seguido de uma entrega do problema (e de si próprio) ao Eu Superior, como último recurso. Nada mais se pode fazer. Qualquer pensamento adicional seria supérfluo. A essa altura a Graça pode entrar em cena e fazer aquilo de que o ego não é capaz. Ela pode trazer a orientação nesse momento ou mais tarde, na forma de uma idéia por si só evidente.

ঙ৪৩

Em uma situação difícil, esquivar-se de toda responsabilidade e transferir para outra pessoa a decisão que deveria ser sua, contribui pouco ou nada para o seu crescimento, mas buscar ajuda de pessoas mais experientes é sem dúvida recomendável.

ঙ৪৩

Exercícios da recordação constante: o termo Eu Superior pode não ter significado algum em sua experiência passada. Mas, talvez você já tenha tido momentos estranhamente belos, quando tudo parecia estar em quietude, quando um mundo etéreo parecia estar bem próximo. Nesses momentos você foi elevado ao Eu Superior. A tarefa que você deveria se propor é a de trazer à lembrança aquela presença sagrada e sentir novamente aquele belo interlúdio de sublime quietude. Se, no entanto, você não conseguir recordar tais momentos ou se, ao recordá-los, não conseguir evocar novamente seu brilho e realidade, então há um caminho alternativo. Procure relembrar a figura e a presença de alguém que você acredita estar desperto para a consciência do Eu Superior. Tome essa pessoa como seu mestre e, portanto, uma mão estendida na qual você pode mentalmente segurar e pela qual você pode gradualmente elevar-se. Assim, se para você o Eu Superior é uma vaga abstração, aquela pessoa não é. Ela pode facilmente ser para você um foco definido de concentração, um ponto positivo no infinito para o qual você pode dirigir seu olhar interior.

☙❦☙

Quando você se defrontar com algum problema, cuja solução parece estar além da razão, experiência ou conselho, tome isso como uma indicação de que deve entregá-lo à intervenção divina. Peça uma idéia esclarecedora durante sua oração ou meditação.

☙❦☙

Sempre que surgir uma situação de emergência para a qual você necessite de ajuda, orientação, proteção ou inspiração, não volte sua atenção para o poder do próprio ego, mas dirija-a humildemente, em oração, ao Poder Superior.

☙❦☙

Se você invocar a Graça divina para atender a uma genuína e desesperada necessidade material ou para obter um resultado humano, procure primeiro encontrar a sagrada presença dentro de você, e só depois de tê-la encontrado, ou pelo menos depois de ter alcançado o ponto mais profundo possível de contemplação, é que você deveria mencionar a coisa ou resultado desejado. Assim, você será não apenas orientado sobre se é correto ou não insistir no pedido, mas também será colocado na situação mais favorável para obter a Graça.

☙❦☙

Para atrair a Graça é necessário, primeiro, uma completa, absoluta, intensa e sincera humildade; segundo, uma entrega de seu ego ao Eu Superior, uma oferta da existência terrena à essência espiritual; e, terceiro, dedicação diária ao exercício devocional. Essas práticas no final irão possibilitar experiências e a aspiração acabará por trazer ajuda. A misteriosa intervenção da Graça pode mudar o curso dos acontecimentos. Ela introduz novas possibilidades, dá um rumo diferente ao destino.

Se a técnica de entregar um problema ou situação ao poder superior não produz resultados favoráveis, a falha reside na pessoa que está tentando utilizá-la, não na técnica propriamente dita. Se você a está usando como uma tentativa de fugir do problema ou como uma recusa em enfrentar a situação, esquivando-se, assim, das lições concernentes, será melhor para o seu próprio crescimento encarar o fracasso. E mesmo aqueles que admitem ter aprendido as lições podem não tê-lo feito realmente, mas sim aceitado apenas aquilo que satisfazia a seu ego, rejeitando o restante. O significado completo da experiência deve ser levado para o mais profundo do coração e sinceramente aplicado à sua vida, antes que você possa afirmar ter de fato aprendido a lição.

Se você buscou orientação por meio da intuição ou meditação mas não foi bem-sucedido, deveria observar se as próprias circunstâncias não determinaram o rumo para você. Em caso afirmativo, essa bem poderia ser a resposta externa ao pedido interno.

Se tiver feito tudo o que está ao seu alcance, os resultados já não dependerão de você e devem conseqüentemente indicar a vontade do destino. Eles nada têm a ver com sua vontade e devem ser aceitos por você. O tempo mostrará a sabedoria neles contida.

ෆ๖ෂ๑

Nos momentos de indecisão, ajoelhar-nos reverentemente em busca de orientação é bom. Porém, voltarmo-nos para a alma, quando somos atraídos por ela, sem nenhum outro propósito a não ser o de permanecer em amorosa reverência, é ainda melhor.

ෆ๖ෂ๑

Por que nos voltamos para Deus somente quando problemas e dificuldades nos afligem? Por que nos dirigimos a Ele apenas como mendigos, ou quando infelizes, tristes ou enfermos? Não podemos ir até Ele alegremente, para Sua glória, somente por amor?

ෆ๖ෂ๑

A coragem diante de uma situação de risco, de um futuro incerto, de um presente ameaçador surge fácil e espontaneamente para a pessoa que submete a própria vontade à vontade de Deus.

ෆ๖ෂ๑

A sensibilidade intuitiva do artista e o intelecto aguçado do cientista são necessários para manter aquele delicado equilíbrio que indica quando se deve assumir a responsabilidade pelas próprias decisões, ações e pela própria vida e quando transferir essa responsabilidade para um poder superior. Não basta que o iniciante afirme que ele entrega sua vida nas mãos de Deus, pois obviamente, se ele continua a tomar as mesmas tolas decisões e a ter a mesma conduta incorreta de antes, sua vida ainda permanece nas mãos do ego pessoal. Para ser efetivo, seu compromisso deve ser acompanhado do dever do auto-aperfeiçoamento. A entrega ao poder superior não o libera desse dever; pelo contrário, leva-o, cada vez mais, a cumpri-lo. A transferência da responsabilidade pessoal é conseguida somente quando há o despertar da consciência para o Eu Superior. Antes disso, o simples fato de ele desejar e expressar esse desejo não fazem com que isso aconteça. Por meio desse artifício ele pode até tentar se aliviar do peso da obrigação e da irritação que os obstáculos provocam, mas o alívio será apenas ilusório e não real.

※

Entregar seu futuro a Deus não implica inércia e letargia. Implica, sim, abandonar a inútil preocupação e a ansiedade desnecessária.

※

Antes que você possa tentar entregar seu eu inferior, deve primeiro começar a sentir, embora de forma leve e intermitente, que existe um Eu Superior e que Ele vive aí, no profundo de seu coração. Tal sentimento, entretanto, deve surgir espontaneamente e não pode resultar de nenhum esforço pessoal. Isso não depende de você. É, portanto, algo imprevisível; não há como saber se irá ou não ocorrer. Na verdade, isso é o que torna essa Busca tão misteriosa, pois tal sentimento nada mais é do que uma manifestação da Graça.

※

O extraordinário é que, se nós, de forma altruísta, em qualquer circunstância que se nos apresente, colocarmos os desejos do ego de lado e procurarmos saber qual a vontade divina para nós, a resposta trará consigo a força necessária para obedecê-la.

※

Você deve fazer tudo o que, na prática, a sabedoria indicar para cada situação, mas, em seguida, deve entregar os resultados ao poder superior, sejam eles bons ou ruins.

ෆ෫ඝ

Colocar o ego de lado e agir desinteressadamente não significa submetê-lo ao ego de alguém. Renunciar à vontade pessoal não significa sujeitar-se à vontade de outra pessoa. Ser humilde não significa tornar-se uma vítima indefesa dos erros dos outros. A única rendição que nos é permitida é ao poder superior.

ෆ෫ඝ

Muitas pessoas que afirmam ter entregue seus assuntos financeiros a um poder superior vêem as coisas indo de mal a pior. Esse ponto deve ser esclarecido. Não há verdadeira entrega, mas apenas auto-ilusão, quando ela é feita antes que a razão, a vontade e a autoconfiança tenham sido corretamente utilizadas. Não existe uma forma fácil de escapar das dificuldades, sejam financeiras ou não, pela simples afirmação verbal da entrega. Essa prática é adquirida ao se lidar com elas, não fugindo delas em nome da entrega. A verdadeira rendição só pode ser feita quando a pessoa é suficientemente madura. A vida é uma luta para todos; somente os sábios lutam sem deixar que o ego interfira, mas a luta é a mesma. E eles têm de lutar porque o elemento adverso da natureza está sempre em guerra, destruindo onde eles constroem, estimulando a discórdia onde eles levam a paz e escravizando mentes que eles buscam libertar.

ෆ෫ඝ

Se você realmente fizer uma total entrega de sua vida ao poder superior, você será incapaz de agir de maneira egoísta em seus relacionamentos com os outros, mas passará a considerar o bem-estar deles, da mesma forma que o seu próprio.

☙❧

Alguns sinais são indicativos de que houve uma entrega efetiva de uma questão ou problema ao poder superior: primeiro, não haverá mais ansiedade ou impaciência com relação a eles; segundo, desaparecerão o stress e a tensão que possam ter provocado; e terceiro, você irá parar de pensar neles e de tentar resolvê-los.

☙❧

O Eu Superior age por meio de lei inexorável, sim, mas o amor faz parte da lei. A Graça não viola nenhum princípio; ao contrário, ela cumpre o princípio mais elevado.

☙❧

Há sempre alguma parte de você ou de seu destino que permanece inteiramente fora de seu controle. O que quer que você faça, não irá alterá-la. É, então, mais prudente reconhecer a inevitabilidade dessa condição do que desperdiçar força em uma luta inútil. Às vezes, você poderá até mesmo usá-la a seu favor. Mas como saber se essa inevitabilidade, essa determinação do destino, existe? Pelo fato de que você não consegue alterá-la, por mais que se esforce para isso.

☙❧

O homem que impõe seu ego na vida cotidiana é freqüentemente mais bem-sucedido do que aqueles que assim não agem. Mas ainda permanece aberta a questão, se esse tipo de sucesso vale a pena.

೧೩୫೦

Essa tola tentativa de escalar cada vez mais alto a Torre de Babel que os homens construíram origina-se da falsa noção do que significa sucesso e fracasso. Eles os avaliam pelas condições que cercam o indivíduo. Há uma dura lição que a vida irá por fim ensiná-los: não há nada que compense a perda dos valores espirituais.

೧೩୫೦

O que a maioria das pessoas considera como grandes desgraças, às vezes abre as portas para novas oportunidades, idéias ou acontecimentos que trazem vantagens que, de outra maneira, não teriam surgido. É mais sábio adiar a avaliação de tais acontecimentos até que você possa ter uma visão geral dos resultados.

೧೩୫೦

O que o mundo chama de sucesso não é considerado como tal pela filosofia. Você pode sofrer a humilhação da derrota e do fracasso e ainda assim estar cumprindo o verdadeiro propósito de sua existência. Definir sucesso relacionando-o ao reconhecimento social e à prosperidade material é mesquinho e revela ignorância.

೧೩୫୦

Os fracassos contribuem diretamente para o sucesso, se você tiver sabedoria suficiente para aprender suas lições de forma tão profunda que seu caráter, como conseqüência, sofra total transformação.

O homem sábio tem consciência de que o sofrimento tem sido essencial para seu desenvolvimento e o tem ajudado a aprender certas lições. Portanto, quando outros passam pela mesma experiência, ele não se preocupa tanto em afastar deles o sofrimento, mas sim em possibilitar que dele extraiam a lição necessária. Seria ilógico aplicar esse conhecimento ao próprio caso, e não utilizá-lo quando se trata de outras pessoas. Se o sentimentalista diz que, por ter pena dos outros, não deseja que sofram, essa é uma razão a mais para desejar que não sofram cegamente.

૭૪૦

Quando você aceita que a dor contém alguma mensagem que você precisa aprender, você será capaz de suportá-la com dignidade em vez de amargura.

૭૪૦

O mal que você causou a si mesmo pode ter um fim, se você descobrir qual característica positiva precisa desenvolver para substituir a negativa que deu origem ao sofrimento.

૭૪૦

Muitas pessoas oram para se livrarem das conseqüências de seus erros ou fraquezas e poucas tentam livrar-se das próprias falhas. Se as preces do primeiro grupo forem atendidas, as fraquezas ainda permanecerão e as mesmas conseqüências poderão voltar a ocorrer. Se os esforços do segundo grupo forem bem-sucedidos, essas pessoas serão libertadas para sempre.

૭૪૦

Com muita freqüência, o homem tem que ter seu ego subjugado, tem que ser arrastado para a dor ou mesmo o desespero, antes que se disponha a voltar sua cabeça para o alto ou ajoelhar-se em oração ao poder invisível.

෴

É no momento em que sua resistência chega ao fim e que você finalmente reconhece que não pode prosseguir, que tanto você como sua vida devem mudar — é nesse momento que você estará próximo à ajuda e à orientação do Eu Superior, se puder reconhecê-las e estiver disposto a aceitá-las.

෴

Nessas situações, quanto mais você se lembrar de perguntar qual é o propósito divino e apressar-se em cooperar com ele, mais rapidamente tais situações poderão ser modificadas.

෴

É verdade que todo acontecimento da vida exterior pode ser aceito como sendo bom para a vida interior, que a situação mais calamitosa pode ser considerada como a vontade de Deus para nós. Mas, também é verdade que a menos que perguntemos — e respondamos corretamente — em que sentido isso é bom e por que representa a vontade de Deus, poderemos deixar de descobrir em nós a falha e de nos esforçar para corrigi-la, tornando-a benéfica e providencial. Cada situação apresenta não só a necessidade e a oportunidade de reconhecermos um poder superior agindo em nossa vida, mas também uma ocasião para nos auto-analisarmos e nos aperfeiçoarmos.

෴

Quando chegar à conclusão de que de forma alguma é possível modificar uma situação, você poderá suportá-la melhor, se mantiver a fé de que todas as coisas e situações são, em última instância, determinadas pela Mente Universal e que, no final, irão resultar no melhor.

⁂

A ligação existente entre o nosso caráter e o nosso destino é inseparável. E a que existe entre nosso modo de pensar e o curso dos acontecimentos é infalível.

⁂

A partir do momento que assumimos a responsabilidade por nossos problemas, podemos dar o primeiro passo no sentido de solucioná-los.

⁂

Se você deseja ver um mundo melhor, deve dar sua contribuição. E isso inevitavelmente exige que você comece por si próprio, melhorando seu caráter e sua conduta.

⁂

Temos livre-arbítrio para mudar nosso caráter, mas também devemos apelar para a ajuda divina. Sozinhos, sem essa ajuda, provavelmente nossos esforços não trarão resultado, e poderemos até adoecer física ou mentalmente. Deveríamos orar e pedir ajuda divina, mesmo quando estamos tentando ter tanta fé no poder superior como temos em nós mesmos.

⁂

Se você se arrepender de sua própria conduta, seja com relação a uma única ação ou a uma série delas, ficará deprimido e sentirá desprezo por si mesmo. Esse é um momento valioso em que o ego se volta contra ele próprio. Se você aproveitar a oportunidade para procurar em seu próprio caráter a causa, poderá modificá-lo de forma mais satisfatória. Esse trabalho é realizado por uma série de meditações positivas e criativas.

༺༻

As lições que a vida, guiada pela inteligência infinita e investida, como é, de infinito poder, procura tornar disponíveis para nós por meio da roda do destino, podem trazer sofrimento, mas também a sabedoria que dele nos irá proteger no futuro. Isso é possível somente se aceitarmos o sofrimento como merecido, humildemente aprendermos a lição que ele nos traz e nos empenharmos em trabalhar para nosso auto-aperfeiçoamento. Porém, se formos por demais orgulhosos, fracos ou tolos para compreender a lição, então, até que o consigamos, o mesmo sofrimento irá reaparecer várias vezes, em anos ou vidas posteriores. Ele virá como antes, por meio dos mesmos acontecimentos, na hora exata e no lugar certo. Quer a vida nos puna por meio de suas leis eternas, quer nós mesmos por nossa desobediência a elas, não podemos nos esquivar do passo a ser dado.

༺༻

Admita francamente seus erros passados, então analise e absorva suas amargas lições e aplique o resultado a suas futuras ações. Isso é sabedoria prática e pode nos entristecer, mas para ser um procedimento efetivo, deve mesmo fazê-lo. Porém, depois disso, dê por liquidada a questão. Volte-se em direção ao sol da esperança. Lembre-se de que em seu Eu Superior há força, luz e alegria aguardando por você.

༺༻

A meditação dirigida para a transformação e aperfeiçoamento do caráter deveria ter uma dupla abordagem. Por um lado, ela deveria ser uma autocrítica analítica e lógica, expondo as falhas e fraquezas e os resultados desagradáveis a que elas conduziram, tanto para si mesmo, quanto para os outros. Por outro, deveria ser uma visualização criativa das virtudes e qualidades que são o oposto das falhas e deficiências expostas na primeira abordagem. Aquele que medita deveria imaginar a si mesmo expressando essas características.

◯◯◯

O homem propenso à impaciência, irritabilidade e raiva precisa da meditação ainda mais do que os outros. Ele necessita de seu efeito harmonizador na personalidade, de seu toque pacificador nas paixões e impulsos mais obscuros.

◯◯◯

Se a meditação for utilizada de forma correta pelo intelecto, vontade e imaginação, pode se tornar fonte de inspiração e êxtase também em outros momentos. Pode ser usada como um estímulo para realização criativa em qualquer campo, incluindo o espiritual e o artístico. Deveria ser praticada logo antes do início do trabalho. A técnica é manter-se nessa atitude inspirada ou na sensação de alegria que ocorre após a meditação e não permitir que ela se desvaneça. Então, o trabalho poderá ser iniciado e realizado com mais energia, eficiência e, especialmente, mais criatividade. Quem ama seu trabalho dessa maneira mais profunda consegue realizá-lo mais facilmente e com mais sucesso do que os demais.

◯◯◯

O uso filosófico da meditação não apenas difere do seu uso místico em alguns aspectos, mas também vai além dele. A parte mais importante da meditação deve ser devotada ao auto-aperfeiçoamento moral. Quando tiver feito algum progresso na arte de meditar, você terá adquirido uma arma poderosa para usar na guerra contra seus defeitos e fraquezas pessoais. Você deve refletir sobre sua conduta errada do passado e do presente, dela arrepender-se e decidir livrar-se das fraquezas que o levaram a ela. Deve considerar a possibilidade de situações semelhantes ocorrerem no futuro e imaginar-se agindo nelas como seu melhor "eu" agiria. Se, ao invés de usar os períodos de meditação apenas para refestelar-se indolentemente na paz emocional a que eles conduzem, você reservar uma parte desses períodos para o empenho em adquirir domínio sobre aqueles defeitos e fraquezas, irá descobrir que a vontade fortalecida e a imaginação intensificada de tais momentos tornam-se realmente criativos, pois tenderão a repetir-se com sucesso na sua conduta externa posterior. Aquilo que você tiver imaginado para si mesmo e a seu respeito durante a meditação irá inesperadamente voltar à sua consciência durante os períodos que se seguirão a ela ou até expressar-se diretamente nas ações externas, quando os estímulos meditativos já estiverem esquecidos.

Exercício para antes de dormir: Se você está tentando livrar-se de um mau hábito, pense numa situação que o desencadeia e, em seguida, nos sofrimentos físicos e mentais resultantes. Então, imagine essa situação acontecendo e você agindo de uma forma oposta e positiva. Se esse exercício for repetido noite após noite, um dia você irá descobrir que quando a situação ocorrer na vida real, você reagirá de forma correta, vencendo resolutamente o mau hábito. Nenhum esforço especial de vontade precisa ser feito: a mudança será natural, fácil, suave e sem esforço excessivo. Será como se alguma força externa viesse intervir a seu favor e o fizesse resistir ao mau hábito, conseguindo assim triunfo instantâneo.

3

JÓIAS INSPIRADORAS

O que realmente importa na vida de uma nação é a qualidade de seus líderes, o caráter daqueles que dirigem o seu destino. Os jovens podem não perceber que só o entusiasmo não é suficiente, que o caráter sempre foi e sempre será o mais importante, e que aquele que se prepara nesse sentido verá reinos inteiros virem ao seu encontro. A inspiração traz consigo realizações e líderes inspirados sempre surgirão.

Não devemos trair o bem que há em nós pela covarde submissão ao mal que há na sociedade.

※

Não importa o que fomos no passado, mas sim o que somos agora e, mais ainda, o que pretendemos fazer de nós no futuro.

※

Olhe para si mesmo se pretende se conhecer. Isso não apenas significa que você deve descobrir as lamentáveis fraquezas de sua natureza inferior e refletir sobre elas, mas também fazê-lo com relação às nobres inspirações de sua natureza superior.

※

Na verdade, a necessidade do mundo hoje em dia não é tanto de novas idéias, o que significa mais pensamentos, mas sim de mais sabedoria, o que significa saber como lidar com os pensamentos que a humanidade acumulou através dos séculos.

※

Não se pode fazer desaparecer a degradação pouco ética que reconhecidamente existe no mundo, no campo social, político e dos negócios, fugindo-se dele, mas sim pela influência benéfica de indivíduos de caráter superior que deles passem a fazer parte.

※

O mundo necessitará de líderes, homens e mulheres, que tenham raízes profundas na vida do Eu Divino, mas que tenham o intelecto aguçado, as mãos ativas e o coração generoso.

Tenhamos bastante coragem para enfrentar a vida, mas não nos esqueçamos também da necessidade de ter bastante humildade diante do Criador.

Da mesma maneira que a Mente sempre e universalmente existiu, também existem seus aspectos associados, Energia ou Força Vital. E pelo fato de a Mente encerrar um significado e um propósito, minha vida possui um significado e um propósito ligados aos do universo; ela não é vazia, nem solitária. Esperança, oração, verdade e presença são minhas por herança. Tenho direito a elas. Mas devo reivindicar tal direito, torná-lo meu, primeiro por minha fé e, possivelmente depois, pelo conhecimento.

Se você começar o dia com amor em seu coração, verdade em sua mente e num estado de paz, não apenas você será beneficiado por isso, mas também beneficiará os outros — sua família ou amigos e todos aqueles que o destino fizer cruzar o seu caminho naquele dia.

Um dia que se inicia com quietude mental e receptividade interior é um dia que começa bem. Toda idéia, decisão, movimento ou ação que surgem no decorrer dele serão melhores, mais sábios e mais nobres do que teriam sido de outra maneira.

Cada pessoa que leva para seu pequeno círculo mais verdade e bondade, mais consciência e equilíbrio, está levando ao mesmo tempo isso para o mundo todo. Um único indivíduo pode ser impotente diante de acontecimentos mundiais, mas o eco de suas palavras e atos, presença e pensamentos inspirados pode ser ouvido, em tempo e lugar bem distantes.

※

Você pode ser uma criatura insignificante na vastidão do cosmos, mas a vida divina — da qual o cosmos não é mais que um canal — está em você também. Tenha fé em sua herança divina, leve-a para sua vida diária e para seus pensamentos e assim, para algumas pessoas, de algum modo, você será muito importante.

※

Uma vida humilde dedicada a um grande propósito torna-se grandiosa.

※

Quanto aos erros passados, esqueça-os e comece novamente, como se este fosse seu primeiro dia neste corpo; mas, quanto aos seus relacionamentos atuais, seja gentil para com todos, como se este fosse o seu último dia neste corpo.

※

Depende da sua mente se você vai ou não fazer de sua vida alguma coisa que valha a pena. O que você aprendeu do passado, o que você pensa do presente e o que você espera do futuro, todas essas idéias se mesclam e influenciam o resultado a ser alcançado.

※

Embora estejamos, em consciência, separados do poder superior, na realidade não estamos. O ser divino é imanente em cada um de nós. É por isso que há sempre algo bom em nós, por pior que sejamos.

☙❧

As experiências da vida, que enobrecem algumas pessoas, mas degradam outras, podem afetar nossos pensamentos, desejos e sentimentos somente se permitirmos. Depende de nós definirmos se elas devem despertar nossa divindade ou animalidade. A atitude mental que cultivamos ajuda a determinar nossa experiência do mundo.

☙❧

Você triunfa sobre as situações a partir do momento em que triunfa sobre os pensamentos a respeito delas.

☙❧

Se o passado é irremediável e o futuro imprevisível, que outro caminho mais prático haveria a não ser garantir o presente por meio da lembrança constante do Divino?

☙❧

Se alguém pergunta por que não consegue encontrar sinal algum da presença de Deus em si mesmo, respondo que há inúmeras evidências e não apenas sinais. Deus está presente em nós como consciência, o estado de estar consciente; como pensamento, a capacidade de pensar; como atividade, o poder de mover-se; e como quietude, a condição do ego — emoção, intelecto e corpo físico — que clara e definitivamente irá revelar o que essas outras coisas apenas sugerem. "Aquieta-te e sabe que Eu sou Deus" é uma afirmação, cuja verdade e valor podem ser comprovados pela experiência.

☙❧

Devemos admitir que nas mãos de um seguidor despreparado, não disciplinado e desinformado, a doutrina de "Deus em mim" pode tornar-se perigosa. O perigo não está na doutrina propriamente dita, pois ela é de fato verdadeira, mas sim nele próprio, na sua vaidade e luxúria. Isso pode levá-lo a aplicar a doutrina incorretamente para satisfazer os desejos do ego e as paixões do corpo. Pode também conceder-lhe uma falsa liberdade, sob o pretexto de estar expressando irrestritamente a autêntica liberdade do Espírito, quando, na realidade, expressa a de um animal. Assim, a verdade pode ser mal interpretada, distorcida ou caricaturada por seus supostos seguidores.

☙❧

Um poder verdadeiro irá instruir aqueles que desejam agir em nome do Deus interno, que recomenda: "Vai e, pelo bem da humanidade, vivencia a Luz que se encontra nos recônditos mais profundos de teu coração".

☙❧

A natureza animal é naturalmente egoísta; a espiritual, altruísta. Entre esses dois pólos, o homem entra cada vez mais em conflito consigo mesmo à medida que evolui.

☙❧

Você precisa manter a sagrada convicção de que, se continuar a nutrir em seu coração o Ideal, seu "eu" mais elevado não o abandonará.

Lembre-se de que nenhuma iniciativa ou ação deve ser deixada na dependência dos limitados recursos do ego. A humilde invocação de ajuda do Eu Maior multiplica esses recursos e traz proteção. No início de cada dia, de cada atividade, de cada tarefa importante, lembre-se do Eu Superior e, ao lembrar-se, obedeça suas leis. Busque Sua inspiração, Seu poder. Torná-lo seu parceiro silencioso equivale a aumentar sua eficiência.

Adquira o hábito de ser gentil, bondoso, tolerante e compassivo até que isso se transforme em uma inclinação O que você tem a perder? Algumas coisas ocasionalmente, um pouco de dinheiro ou de tempo ou uma discussão? Mas, veja o que você tem a ganhar! Maior liberação com relação ao ego pessoal, mais direito à Graça do Eu Superior, mais beleza em seu mundo interior e mais amigos no mundo exterior.

Uma conseqüência de se fazer da compaixão um hábito é que uma imensa compreensão da natureza humana inunda todo o seu ser.

A verdade não tem que se tornar prática, pois é a coisa mais prática que existe. Os homens é que têm de melhor conhecê-la, bem como as Leis Superiores que a refletem, e então viver o que aprenderam.

A sabedoria tem início somente quando você aplica na prática o que absorveu na teoria.

※

Abençoados são aqueles que podem encontrar ou manter essa fé de que, apesar de todas as desagradáveis aparências contraditórias, a trajetória da vida humana é, em última instância, em direção ao alto, e seu propósito, a realização espiritual.

※

Ser humilde é estar disposto a admitir o fato perturbador de que nossas próprias deficiências de caráter ou inteligência (e não as das outras pessoas) são em grande parte responsáveis pela maioria dos nossos problemas.

※

A autopurificação é a melhor oração; a autotransformação, a mais efetiva.

※

Consideremos a verdade como um horizonte sempre distante. Assim, conseguiremos ser humildes e manter a mente aberta para um progresso gradual.

※

Nas profundezas do coração há uma quietude que cura, uma fé inabalável nas leis universais e uma força semelhante à da rocha. Mas, por se encontrarem em nível tão profundo, necessitamos de paciência e perseverança para buscá-las e permitir que se manifestem.

Pode ser considerado um homem completo aquele que aceita a contribuição do artista para manifestar a beleza, a do cientista para compreender os fatos, a do metafísico para chegar à verdade, a do religioso para alcançar a fé, e a do humanista para expressar a bondade.

Humildade: veja em todos os homens o Espírito Divino que neles habita; lembre-se sempre de que a figura externa ainda está sendo trabalhada.

O que sustenta cada mente individual é a mente universal. Portanto, no que diz respeito à ação social e ética, o que for melhor para você deve também preencher o requisito de ser o melhor para todos. Caso contrário é incompleta.

Você deve fazer com que sua mente analítica, racional, concreta traga a solução para seus problemas práticos. Mas você deve treiná-la para abrir-se à inspiração da alma pois, de outra forma, as soluções pouco resolverão.

Trazer a Divina Presença para o seu trabalho e levar continuamente seu trabalho à Divina Presença — isso é uma vida ativa inspirada e válida.

A espiritualidade antiga ensinava que o mais importante era cultivar a alma individual. O materialismo moderno acredita que seja o desenvolvimento social. Essas duas metas geralmente têm sido colocadas em oposição. Mas a espiritualidade moderna recusa-se a aceitar esse falso dilema. Ela declara que devemos buscar ambos, tanto o cultivo da alma, quanto a melhora das condições sociais. Por que ao abrirmos nossos olhos para uma necessidade deveríamos fechá-los para outra? A necessidade externa da humanidade não justifica que negligenciemos nossa própria necessidade interna, nem o contrário. Nenhuma ação humanitária pode substituir o dever de devotarmos tempo e energia para nos elevarmos espiritualmente; o indivíduo, porém, não deveria tornar-se tão centrado em si mesmo, a ponto de dedicar-se a isso de forma total e exclusiva.

☙❧

A necessidade hoje é de um equilíbrio harmonioso entre o ser interno e o externo, entre o Espírito Divino e o corpo físico, de forma que um reflita fielmente o outro.

☙❧

A orientação da espiritualidade moderna, tendo em vista as diferentes condições atuais, não consiste em retirar-se do mundo, mas sim em agir de forma a repercutir espiritualmente no mundo.

☙❧

A esperança é o suporte da vida. Mas, se não começarmos a agir, poderemos nela permanecer para sempre e a obra nunca será realizada. Eis por que nós, que buscamos a Verdade, precisamos efetuar um intenso trabalho interior em meio à argamassa e tijolos da existência terrena. Nossos sonhos de uma vida mais divina são proféticos, porém nós os tornamos realidade somente quando nos dedicamos às tarefas e oportunidades de autodisciplina que o mundo nos apresenta.

※

Quando pessoas boas afastam-se, de forma não-cooperativa, dos afazeres do mundo, porque não os apreciam ou consideram-nos grosseiros, ou ainda porque não se sentem aptas para eles, deixam o campo aberto para as más.

※

Quando aqueles que ocupam altas posições, que governam, lideram, aconselham, instruem e informam não estão para elas preparados e não possuem as qualidades, a consciência e os atributos necessários, a sociedade torna-se desordenada. Seus níveis misturam-se de tal forma que as palavras, nomes, designações e termos tornam-se vazios, distorcidos ou ambíguos. E, como resultado das desordens que se desencadeiam, a violência, o ódio e mesmo as guerras — civis ou entre nações — recaem sobre o mundo.

※

As responsabilidades tendem a recair sobre os ombros daqueles que podem melhor suportá-las.

※

Aqueles que são excêntricos e diferentes dos demais, porque são mentalmente desequilibrados ou emocionalmente descontrolados, não irão entender o que a sociedade convencional exige deles. Existe, porém, um segundo grupo de pessoas que são também "diferentes", que não se sujeitam a convenções, embora muitas vezes de outras maneiras. Esse grupo é assim por ser pioneiro, por ter avançado mais no caminho da evolução do que a multidão que ficou para trás. Dele saem os grandes reformadores e seus seguidores, aqueles que permanecem fiéis aos princípios morais e à verdade. São eles que tentam elevar a sociedade e corrigir seus abusos e crueldades, seus erros e superstições. São ousados campeões que não param para calcular o custo de seu serviço mas, suportando o ridículo, a perseguição, ou mesmo a crucificação, seguem adiante sem hesitar quando outros se retiram.

❦

Grande parte de nossa realização ocorre na solidão silenciosa de nossos corações, despercebida e sem o conhecimento dos demais; um dia ela desabrochará numa admirável ação e o mundo irá se perguntar o porquê.

❦

É fácil e comum culpar as pessoas que cruzam nosso caminho ou pertencem ao nosso ambiente, como sendo a causa de nossa irritabilidade ou ressentimento. Mas se, em lugar disso, tivermos boa vontade e as perdoarmos, não apenas nosso relacionamento com elas irá melhorar, mas nós também seremos bastante beneficiados.

❦

Ninguém precisa levar a si mesmo tão a sério a ponto de julgar que a felicidade ou o conhecimento do mundo dependam dele. O mundo já havia descoberto essas coisas antes de ele nascer.

❦

Com ou sem você, a Terra continuará a girar sobre seu próprio eixo. Você não é tão importante como pensa.

⊗

Em toda dificuldade humana há dois caminhos abertos para nós. O caminho comum, bastante familiar, consiste em reagir de forma egoísta e emocional com queixas, irritabilidade, medo, raiva, desespero e assim por diante. O caminho menos comum é o percorrido por uns poucos espiritualmente desenvolvidos e consiste em extrair algo de bom de algo ruim, em reagir de forma altruísta, calma, construtiva e esperançosa. Esse é o caminho da filosofia prática, essa tentativa de transformar o que externamente parece tão prejudicial no que, pelo menos internamente, deva ser bastante benéfico. Esse é um trabalho mágico, mas só pode ser realizado pela profunda reflexão, pela negação do ego e pelo amor. Se a dificuldade for considerada não só como uma oportunidade de mostrar o que podemos fazer para desenvolver nossos recursos latentes, mas também como uma prova do que nós já tivermos desenvolvido, ela poderá ser de auxílio para nós. Mesmo se não conseguirmos melhorar um ambiente desfavorável, tal abordagem irá, de alguma forma, tornar-nos melhores. Devemos aceitar, com todas as terríveis implicações disso para o nosso passado, presente e futuro que, em última instância, somos os únicos responsáveis pelas condições que se apresentam em nossa vida. Tal aceitação poderá nos ajudar a dissipar nosso egoísmo e, mesmo que a prova seja dolorosa, tudo será para o bem. Por meio desse desafio poderemos conseguir em nós mesmos a mais abençoada transformação.

⊗

Aquele cujo pensamento é livre de preconceito e cujo sentimento não é contaminado pelo egoísmo possui uma autoridade moral que falta aos demais.

Perdoando aqueles que nos prejudicaram, nós nos colocamos na posição de obter o perdão pelo mal que tenhamos praticado.

※

Se você internamente cultiva amor e harmonia consigo mesmo e com todas as pessoas, se de forma persistente rejeita todas as idéias contrárias a isso, então esse amor e essa harmonia devem manifestar-se externamente em seu ambiente.

※

Em sua mente só há lugar para um único pensamento de cada vez. Cuide, então, para que ele seja positivo.

※

É verdade que aprendemos por meio da frustração e crescemos pelo sofrimento. Porém, isso não nos deve levar a esquecer que também podemos aprender e crescer por meio da alegria e da beleza.

※

A vida ainda é o maior dos jogos de que dispomos. Mas devemos vencê-lo a cada minuto, a cada movimento no tabuleiro. Toda vez que o desespero surge e sussurra algo para nós, devemos tapar os ouvidos. Nascemos para dominar — não para sermos dominados. A fé pode combater o desespero e também vencê-lo. Devemos considerar nossas dificuldades não como obstáculos para nos derrubar, mas como algo a ser conquistado.

※

O que está na raiz de todos esses erros de conduta e falhas de caráter? É o fato de não compreendermos que somos mais que nosso corpo. É, em uma palavra, o materialismo.

⊙

Ensine bons hábitos elementares, como, por exemplo, um sorriso caloroso.

⊙

Quando você for capaz de abençoar silenciosamente todas as pessoas e de fazê-lo amorosa e indiscriminadamente, você encontrará uma cura rápida para o problema da inibição. Em lugar de sentir-se pouco à vontade na presença de determinadas pessoas ou de uma multidão, você se sentirá bem. Por quê? Porque você estará atraindo a Graça para si mesmo. Oscar Wilde percebeu isso quando disse: "Não podemos buscar o amor. Ele nos chega espontaneamente quando damos amor aos outros".

⊙

Se colocarmos mais sinceridade e integridade em nossas vidas, mais verdade e sabedoria em nossas mentes, mais boa vontade e autodisciplina em nossos corações, não apenas nós seremos mais abençoados, mas também todos aqueles com quem entrarmos em contato.

⊙

A idéia de que ser prático significa estar morto para todas as intuições e sentimentos sagrados é outro erro a ser desmascarado. Em todos os lugares, homens e mulheres bem-sucedidos nos negócios, tanto famosos como desconhecidos, têm mantido seu ser interior sensível e desperto em meio aos seus afazeres e sucessos materiais.

❦

Aqueles a quem foi dada uma missão a cumprir, não importa se grande ou pequena, com freqüência caem no erro de, arrogantemente, ir além dos limites. Deixam o ego interferir, exageram sua atuação e assim prejudicam o que poderia, de outro modo, ter sido um bom resultado.

❦

A menos que a humanidade reconheça que poderes demoníacos estão soltos em seu meio, infundindo ódio, violência, desconfiança e ambição, não irá ajoelhar-se para pedir ajuda a um poder maior, superior a ela.

❦

A necessidade de maneiras mais refinadas em ambientes em que prevalecem a vulgaridade grosseira, a obscenidade agressiva e o barulho estridente é evidente para aqueles que buscam fugir do materialismo. Numa atmosfera de conduta desordenada ou de total ausência de boas maneiras, o pensamento materialista aflora muito mais.

❦

O antagonismo racial é realmente um estado patológico que obscurece a visão e deturpa o julgamento. Ele eleva o preconceito à dignidade de um princípio. O ódio é um veneno mental. É o pior pecado de nossa vida pensante. Prejudica aqueles a quem odiamos, contamina nosso ambiente e no final causa sérios danos a nós mesmos. A habilidade para tratar igualmente e com boa vontade todos os tipos e classes de pessoas não implica a inabilidade para observar diferenças comparativas e até mesmo os defeitos delas.

☙☙

A busca da não-violência no campo internacional é como a busca da utopia político-econômica — um sonho. É um ideal louvável, mas, infelizmente, sem fundamento. O pacifismo que prega uma total e absoluta não-violência, aplicável sempre e em todas as situações, deixa de reconhecer algo que é universalmente conhecido — a lei dos opostos. É o equilíbrio entre eles que mantém unidas todas as coisas no mundo, todas as criaturas na natureza. Na vida humana, o conflito entre eles gera a violência e sua ausência, a paz. A guerra pode mudar sua forma, pode perder sua brutalidade, pode ser elevada a um nível mais alto no qual as palavras substituirão as armas, e isso irá certamente acontecer. Mas a guerra, na pior das hipóteses, e a discórdia, na melhor, não desaparecerão enquanto o ego, com suas emoções negativas, governar o homem.

☙☙

A jornada do ser humano que vai da mera existência animal para a real essência espiritual reflete-se na ética humana na qual as regras impostas do exterior são gradualmente suplantadas pelos princípios intuídos do interior.

☙☙

Qualquer coisa que faça com que as pessoas se elevem de sua natureza animal serve a um propósito maior. Isso é verdadeiro com relação ao treinamento atlético, à aspiração religiosa, a códigos sociais e ao respeito por si mesmo, pois no final é necessário que afastem suas mentes das paixões que têm em comum com o reino subumano para o cumprimento de seu destino e de suas possibilidades mais elevadas.

☙☙

O amoral é sempre o primeiro passo para o imoral.

ෆ෫ං

Quando você começa a justificar em sua própria mente uma conduta errada em função de um excelente objetivo, inconscientemente você começa a modificar esse objetivo.

ෆ෫ං

Não tente combater o mal com o mal. Supere-o invocando um poder superior que faça emergir o bem que existe em você, que o torne capaz de enfrentá-lo. Dessa forma você estará seguindo o conselho de Jesus: "Não resista ao mal".

ෆ෫ං

Para libertar-se das amarras do tempo, você deve livrar-se dos clamores, exigências, relacionamentos e mágoas do passado. É evidente que deve fazer isso apenas interna e mentalmente. Deve considerar o início de cada dia como um novo começo, não permitindo que a família, a rotina, os hábitos, o ambiente imponham seus velhos laços sobre seu pensamento, sua fé ou sua imaginação.

ෆ෫ං

Quando começamos a compreender a verdadeira natureza do tempo, forçosamente passamos a rever nossa atitude com relação a ele. Aprendemos a nunca ter pressa, a trabalhar com calma e a construir lenta e continuamente, como os corais.

ෆ෫ං

Quem quer que trabalhe dignamente em uma tarefa meritória que não fira sua consciência está prestando um serviço à humanidade. Não importa se é um lavrador ou um homem de negócios, um aprendiz de pedreiro ou um instrutor espiritual.

ೞ

Só é verdadeira a cultura que torna o gosto mais refinado, aperfeiçoa o caráter, eleva os padrões, corrige o comportamento e ensina o autocontrole.

ೞ

A vida familiar é uma proteção social indispensável, o mais valioso meio para se promover atitudes morais corretas para aqueles que estão passando pelos estágios da infância e adolescência. Uma verdadeira individualização do ser humano não irá destruir, mas antes conservar tudo o que há de melhor no seio familiar.

ೞ

Quando o círculo familiar prepara os membros mais jovens para a vida adulta, cumpre sua tarefa. Porém, quando se posiciona como o valor supremo da existência humana, e seus vínculos e a fidelidade a eles, como a suprema forma da ética humana, ele vai além de sua função e traz malefícios. Impede o crescimento individual e reprime o pensamento independente. Isso nada mais é que um exagerado egocentrismo. Transforma um meio em um fim. Assim, a influência de uma instituição útil, se por demais enfatizada, torna-se pouco saudável e viciosa. Os pais que se recusam a libertar seus filhos, mesmo quando estes são adultos, que estão constantemente à sua volta com excessiva solicitude e sempre oferecendo proteção demasiada, pertencem à era patriarcal. Tolhem o desenvolvimento de seus filhos, provocam o ressentimento de seus genros ou noras e são atormentados por angústias desnecessárias.

É aconselhável que pessoas que não receberam orientação adequada pratiquem a meditação, pois ela acalma as paixões e tranquiliza o ego. Entretanto, isso não pode curá-las. Elas são produto de uma educação errada e portanto a cura básica e completa consiste na educação correta — ou seja, o correto pensar.

※

O correto pensar não é só uma qualidade intelectual; é quase uma virtude moral.

※

O que é certo em um estágio inicial do desenvolvimento pode não ser em um mais avançado. O que é adequado a um etos (conjunto de características que identifica um grupo ou um povo) depende também do tempo e do lugar. É melhor definir a tarefa concreta do momento do que fazer elucubrações abstratas sobre um futuro distante.

※

Estamos encarnados para sermos educados. A experiência fornece as lições, e a necessidade, as disciplinas.

※

O mundo irá mudar, e mudar para melhor, quando nossas escolas forem o que devem ser, quando ensinarmos a nossas crianças menos geografia e mais altruísmo, menos história e mais elevação do caráter, menos uma dúzia de outras matérias e mais a arte do correto viver.

೦൪ඊ০

A verdadeira educação irá estimular a formação de um caráter nobre, em lugar de propiciar sentimentos egoístas, aguçará a inteligência, em lugar de estimular a memória, treinará o estudante para o tipo de trabalho que ele aprecia e está apto a fazer, e ensinará coisas de valor duradouro, em vez de introduzir inutilidades em sua mente.

೦൪ඊ০

Uma parte consciente e ativa da humanidade, a maioria constituída de jovens, protesta contra a poluição do ar, da terra, da água e dos alimentos. E o que dizer da degradação do caráter?

೦൪ඊ০

Deve-se ensinar aos jovens a importância da cortesia, das boas maneiras e o valor do refinamento bem antes de lhes ensinar o nome da capital do Chile.

೦൪ඊ০

De que vale uma educação se ela não ensina ao jovem como usar sua mente de maneira a promover seu próprio bem-estar em vez de prejudicar a si mesmo? Todos devem ser conscientizados do valor e da necessidade do controle emocional e mental, do discernimento entre os pensamentos destrutivos ou negativos e os construtivos ou positivos.

೦൪ඊ০

Não é suficiente que os pais protejam os filhos — eles também devem encorajá-los e estimulá-los a despertarem espiritualmente.

Uma educação que não transmita à criança a verdade, a luz, a virtude ou a fé no poder superior por trás do universo, não lhe fornecendo assim ajuda ou força espiritual, é digna de reprovação.

Enquanto se ensinar erroneamente aos jovens a associar a grandeza histórica de uma nação aos seus bem-sucedidos atos de agressão, o caráter deles será influenciado pela violência, pelo crime e pelo egoísmo.

É próprio dos jovens serem ambiciosos, desenvolverem seu potencial e melhorarem sua personalidade. Mas, eles não deveriam ficar com a idéia de que isso é tudo o que a vida exige deles.

A idéia de autoridade é veementemente contestada pelos jovens que não percebem ser ela tão necessária quanto a idéia da falta de autoridade ou liberdade. Isso é verdade, quer ela seja imposta a nós pelas leis superiores que governam a existência, quer por outras pessoas qualificadas a fazê-lo, ou ainda imposta por nós mesmos sob a forma de padrões ou ideais.

Existe um conservadorismo que é saudável, sábio e necessário e outro que é inflexível, tolo e obsoleto. A distinção entre os dois deve ser mantida com clareza.

Dentre os jovens, aqueles que com determinação rejeitam todas as restrições que tolhem sua liberdade porque desejam ser eles mesmos, manter sua individualidade, estão certos, mas ignoram exatamente o que isso significa. Na realidade, eles são livres para expressar o melhor deles mesmos. Até que reconheçam essa verdade necessitam de controle, tanto interno como externo.

○₃♥○

Os jovens de um modo geral não sabem, mas alguns desejariam saber por que estão aqui, qual o propósito de sua vida, como irão conduzir a si próprios e se existe ou não um Deus. Mas para isso tudo, eles precisam de orientação e instrução. Eles aceitam um ensinamento com mais fé e mais rapidamente do que os mais velhos, mas aquilo que pode elevá-los, pode também provocar sua queda, pois eles se deixam iludir com mais facilidade. Aqueles que sabem e podem devem fazer algo para ajudá-los.

○₃♥○

O próximo século não irá tolerar um sistema educacional que encoraje o egoísmo cruel e competitivo em lugar da cooperação entre os alunos; que livremente os puna porque, em geral, não os compreende; que utilize as avaliações como critério de cultura, quando na verdade são meros critérios de apreciação do resultado de uma superficial e apressada preparação do estudante; que de maneira tirânica tente moldar todas as mentes de forma igual, ao invés de fazer distinções com relação à habilidade, individualidade, sensibilidade, tendência e diferença da capacidade inata para o progresso; que valorize as disciplinas mais rígidas em lugar de uma ética mais nobre; que reverencie o passado morto e permaneça arrogantemente alheio ao cenário contemporâneo; que de forma vã sobrecarregue a memória, em lugar de estimular e satisfazer a curiosidade do aluno; e, finalmente, que não dê a ele espaço para uns poucos minutos de quietude mental em meio aos afazeres diários.

ఌఙఊ

Quem pode calcular quanto sofrimento desnecessário o sistema de avaliações tem causado às crianças? Aquelas que tiveram um mau desempenho sofrem a desaprovação dos pais, são ridicularizadas pelos colegas e sentem a insatisfação de seus professores. E isso não é tudo. A dificuldade ao passar por essas provas aflitivas pode gerar complexo de inferioridade, neuroses decorrentes da ansiedade, alterações emocionais e medos angustiantes que podem prejudicar o completo ajuste da criança à sua vida no futuro. Além disso, o caráter competitivo de sua experiência tende a fazer surgir ciúme e até ódio, com relação às crianças mais bem-sucedidas.

As avaliações competitivas tornaram-se verdadeiros fetiches. Aos alunos não se tem realmente ensinado; não lhes é permitido estudar no verdadeiro sentido, mas são obrigados a devorar livros e anotações. O sistema de avaliação força-os inevitavelmente a tornarem-se autômatos mentais, enquanto um sistema menos mecânico iria realmente encorajá-los a aprender. Alunos que enchem suas cabeças de informações e simplesmente as repetem nas provas não necessariamente desenvolvem a mente. A meta final da educação não deveria ser estimular uma ostentação intelectual, nem a obtenção de um diploma ou graduação, mas sim a compreensão e o domínio da vida. A aquisição de informação deveria ser totalmente subordinada a essa meta.

A educação futura será baseada em princípios novos e mais elevados, sua eficácia menos testada pelo deficiente sistema das avaliações acadêmicas competitivas, que mais avaliam a capacidade de memória de papagaios do que a capacidade de uma inteligência esclarecida. A perspectiva geral de nações inteiras será alterada de forma saudável.

༺❀༻

Por que as universidades ensinam apenas ciências humanas e exatas, mas deixam de ensinar ao aluno como tornar-se um ser humano integral? Por que não instruem sobre a única ciência que diz respeito ÀQUILO QUE É? Quantos me disseram que, durante os poucos minutos de um breve lampejo espiritual, adquiriram um conhecimento maior e mais profundo do que aquele conseguido em todos os anos de educação formal na escola e na universidade!

༺❀༻

Uma educação que não resulte em alguma compreensão espiritual e elevação moral é incompleta e imperfeita. Mas isso não pode ser conseguido durante os períodos normais da escola e da universidade. A educação superior do ser humano só pode ter início depois que sua mente tiver amadurecido e após ter tido alguma experiência social — ou seja, na vida adulta. Eis por que é igualmente importante que homens e mulheres continuem aprendendo, jamais deixem de ser estudantes, e transformem as experiências da vida em lições.

༺❀༻

Deve-se ensinar aos jovens a governar a si próprios e qual a melhor forma de fazê-lo. Eles devem ser instruídos a respeito das leis superiores e principalmente da lei das conseqüências, de modo a evitar sofrimentos para si mesmos. Devem aprender o poder do pensamento, o mal causado pela raiva, o benefício da rendição do ego. Devem recuperar as antigas virtudes das boas maneiras, tolerância e respeito pela geração mais velha.

༺❀༻

A educação tem de reconhecer que o estudo da filosofia deveria ocupar o lugar mais elevado num curso completo. Mas é precisamente para esse estudo que nossa atual educação não vê utilidade. Os jovens, tanto quanto os mais velhos, necessitam da filosofia, pois no início da vida, com suas variadas possibilidades e difíceis problemas, eles percebem quão útil pode ser uma orientação. A época de salvar alguém não é na sua velhice, após já ter vivido, mas na sua juventude. É então que se é mais suscetível à orientação moral, ao ensinamento não materialista e mais propenso a imitar a boa conduta. Depois, muitas vezes, é tarde demais. A idéia e a prática do desenvolvimento espiritual deveriam ser introduzidas nas escolas e universidades. Como fazer isso sem ser impedido pelos obstáculos oferecidos pelo sectarismo religioso é o maior dos problemas.

Nenhum sistema de educação pode ser completo ou adequado se deixa de ensinar aos jovens como meditar. Essa é a única arte que pode auxiliá-los não apenas a desenvolver o autocontrole e aperfeiçoar o caráter, mas também a dominar todas as outras artes por meio do domínio da concentração. Quando suas mentes tiverem sido treinadas para isso, toda a sua capacidade intelectual e de trabalho irá alcançar o máximo de sua expressão individual com o mínimo esforço.

Manter a mente bem informada e bem preparada para lidar com todas as questões, equilibrar adequadamente o sentimento com a razão, negar ao ego sua insaciável necessidade de comandar — isso dá equilíbrio ao indivíduo, liberta-o de lamentáveis preconceitos e oferece perspectiva para suas metas.

Que chance tem qualquer instrutor espiritual de continuar o trabalho que realiza individualmente, quando tanto o governo como a população aceitam o falso conceito de que as pessoas podem ser corretamente conduzidas apenas por meio de grandes grupos organizados e instituições tradicionais reconhecidas? O resultado de tal tendência só pode ser o que tem sido até aqui — monopólio, religião ditatorial, poder tirânico centralizado, perseguição à heresia e morte do individualismo —, o que significa a morte da Verdade. Jesus, Buda e Spinoza eram todos individualistas.

〇〇〇

O grande instrutor deixa sua marca e exerce influência sobre seus discípulos, sem tirar deles a capacidade de crescer segundo sua própria liberdade individual

〇〇〇

Não é tornando um indivíduo — seja ele discípulo ou aprendiz — subserviente e dependente que estamos lhe fazendo um bem, mas sim quando lhe damos a oportunidade de se desenvolver por si mesmo.

〇〇〇

Aqueles que não tiveram a preocupação de estudar outros ensinamentos, outras idéias, outras experiências e outras revelações, limitando-se apenas aos de seu instrutor preferido, podem ter aprendido o pior e não o melhor. E aqueles que conhecem somente sua própria religião, a história e a forma de governo de sua própria nação podem, de uma forma ou de outra, pagar por sua ignorância. O estudo comparativo deverá fazer parte da educação para um mundo melhor. Ele não irá apenas acarretar menos preconceito e mais tolerância, mas também — o que é mais importante — auxiliar a estabelecer a verdade.

Muitos daqueles que se rebelam contra os velhos padrões, quer sejam da sociedade, da arte, do pensamento ou da política, clamorosamente exigem inovações. Mas, por que deveriam os novos padrões ser melhores do que os velhos? Podem até ser, mas não é simplesmente por serem novos que devem ser bem aceitos, mas sim por se mostrarem melhores do que os antigos.

É absurdo que jovens rebeldes tentem desligar-se por completo do passado. Isso simplesmente não pode ser feito. A atitude que eles deveriam adotar é extrair do passado o que vale a pena e descartar o restante. Mas, a influência do passado existe, queiram eles ou não. A mudança governa cada fase da existência, cada etapa não só da vida humana, como da história deste planeta. A menos que isso seja reconhecido e levado em conta em nossa vida prática, estaremos sujeitos a sofrer por causa dos nossos apegos a objetos, coisas, pessoas e idéias.

Somente têm direito à liberdade aqueles que compreendem e aceitam as responsabilidades nela envolvidas. E mesmo tais pessoas só têm direito ao tanto de liberdade que corresponde ao que elas compreendem e aceitam dessa verdade. A disciplina externa pode ir somente até o ponto em que é substituída pela disciplina interna.

Se você exige liberdade, deve aceitar a responsabilidade que a acompanha. Isso não é só uma lei humana e social, mas também uma lei divina e cármica.

☙❦☙

Enquanto aqueles que lideram nações ou governam pessoas tiverem uma compreensão total ou parcialmente inadequada do significado mais profundo da existência humana, aquelas nações e povos serão levados de um erro doloroso a outro.

☙❦☙

Por mais virtuosas que sejam nossas intenções, não raramente prejudicamos os outros. Isso mostra que não é suficiente ser bom. A sabedoria deve dirigir nossa bondade, deve nos tornar capazes de prever o que provavelmente resultará de nossas ações.

☙❦☙

Somente quando você une seu pequeno propósito ao propósito universal é que pode encontrar harmonia e felicidade. Sua força irá sustentá-lo firmemente nos momentos de adversidade, assim como irá fazê-lo triunfar sobre o sofrimento e a hostilidade.

☙❦☙

Somente aqueles que conhecem algumas das leis ocultas do universo sabem que esse não é um ensinamento para sonhadores e para aqueles que de forma irresponsável fogem da realidade. Sabem que, em última análise, a paz, a segurança e a saúde das pessoas dependem do grau em que são compreendidos os princípios para viver sob essas leis.

☙❦☙

Você é parte da Idéia criada pela Mente-do-Mundo (Deus). Portanto, também é parte de seu propósito. Procure antes descobrir qual é ele e como cumpri-lo, em lugar de se desencorajar diante do sofrimento, frustração ou medo. Perceba que sua situação — pessoal, doméstica, profissional, mental, emocional, espiritual — tem um significado dentro desse propósito, que está aí para ensinar a você alguma lição específica ou para indicar-lhe o que deve ou não fazer.

☙❧

Quanto mais aprendemos sobre a Idéia-do-Mundo, mais nos maravilhamos com ela. Ir ainda além e cooperar com ela é encontrar a paz.

☙❧

Podemos colaborar com a Mente-do-Mundo apenas na medida em que abandonamos nosso ego. Somente então seremos capazes de ficar receptivos à maravilhosa revelação do significado do mundo e de suas leis, de forma que possamos cooperar de maneira inteligente e amorosa.

☙❧

Se a natureza mantém seus lábios inexoravelmente fechados para as perguntas daqueles que a agridem, por outro lado, ela os abre graciosamente para fornecer a resposta correta àqueles que com ela cooperam e cujo ego se mantém sereno e harmonioso.

☙❧

Se existe uma lei que governa a existência humana, é a lei da mudança. Quando nos esquecemos dela, colocamo-nos em perigo. A maioria das sociedades antigas a esqueceu e por isso sofreu.

☙❧

Se há algo que a miséria do mundo nos dias atuais nos demonstra é a falência da perspectiva materialista, a inutilidade de se esperar paz e prosperidade de fontes puramente materiais, o perigo de se ignorar o fato indiscutível de que o caráter contribui muito para a felicidade das pessoas. O sistema antigo do materialismo absoluto foi tentado e descobriu-se que ele termina em um pântano perigoso. O novo caminho de uma vida mais nobre e uma fé mais profunda não parece tão tentador, todavia não existe outro, a não ser que se escolha afundar num pântano ainda mais profundo.

൘

O caminho do consumismo voraz no qual a humanidade atualmente se encontra deve ser substituído pelo da sábia cooperação. Os antigos motivos que antes mobilizavam as pessoas, hoje não mais funcionam.

൘

A reconstrução política e econômica do mundo é uma tarefa de vital importância, mas sua reconstrução ética é infinitamente mais importante. A primeira toca apenas a superfície da vida e a segunda, seu ponto mais central.

൘

A menos que haja uma alteração no campo moral e ético, e uma nova abordagem espiritual, as esperanças que surgirem das mudanças e inovações políticas serão falsas.

൘

Nenhuma mobilização no campo militar, político ou econômico, seja de natureza defensiva ou agressiva, trará qualquer esperança para a verdadeira proteção da humanidade se não incluir o aprendizado dessas leis superiores e a obediência a elas. Já existem hoje entre nós forças curadoras, restauradoras, orientadoras e protetoras tentando aproximar-se da raça humana e penetrar as condições densas e obscuras que a envolvem. Se forem reconhecidas e acolhidas no devido tempo, a humanidade será salva de um acontecimento aterrador e destrutivo. Mas, se a cegueira e a inércia humanas impedirem que isso aconteça, a punição inexoravelmente virá.

༄༅

Quanto maior nossa experiência deste mundo, maior deve ser nossa compreensão da verdade de que a perspectiva espiritual e a atitude moral são o que realmente determina a trajetória político-social de um povo.

༄༅

Aqueles que pelo entusiasmo religioso são levados a esperar que a humanidade milagrosamente se transforme do dia para a noite, no que diz respeito à boa vontade, paz e sabedoria, esperam o impossível e estão fadados a um amargo desapontamento. O caráter humano desenvolve-se gradualmente; não evolui por um passe de mágica. É melhor sermos realistas e encararmos a desagradável verdade, do que nos entregarmos a esperanças vãs e por elas sermos enganados. Digam o que quiserem, mas a humanidade ainda é governada pela emoção e paixão.

༄༅

Temos de aceitar o fato incontestável de que os homens não mudam da noite para o dia, de que começar novas instituições, com os mesmos indivíduos, não poderá fazer surgir um novo mundo.

Até que reconheçamos isso e, em lugar de nos preocuparmos tanto com as instituições, começarmos a trabalhar para que novos corações e novas mentes surjam, não estaremos próximos da solução de nossos problemas.

ఌ☙

A verdadeira guerra hoje em dia é no interior da mente humana. É aí que é feita a real escolha daquilo a que você será fiel. Dependendo da maneira com que os indivíduos se entregam às suas emoções inferiores ou delas se purificam, é que eles conduzem essa guerra interna.

ఌ☙

Se você se mantiver fiel a ideais elevados em meio a situações que testam seu caráter, se reagir dignamente a acontecimentos que o põe à prova, você perceberá que estará realmente bem no mundo. Quer você esteja sobrecarregado pelos negócios ou pressionado pelo trabalho diário ou ainda usando o seu tempo de outras maneiras positivas, seu bem mais duradouro não será abalado, apenas sua vida superficial, menos importante. E até disso você pode ser poupado.

ఌ☙

Enquanto os seres humanos não reconhecerem nem sentirem sua existência real como parte da existência maior de Deus, a discórdia e a hostilidade prevalecerão entre eles.

ఌ☙

É necessária uma enorme fé para acreditar que, mesmo quando passamos por terríveis aflições e dificuldades mais sombrias, o que acontece é permitido e guiado por leis divinas, e isso tem um significado maior, que deveríamos procurar descobrir e ao qual deveríamos ficar atentos. Aqueles que não possuem essa fé demonstram em suas fisionomias sinais que denunciam ausência de calma interior. Todavia, é necessário um simples passo para reverter a situação e iniciar a jornada que vai da infelicidade à profunda alegria interior.

Somente quando as pessoas se convencerem de que sua sorte e felicidade ou sofrimento e futuros problemas estão intimamente ligados à sua obediência a essas leis superiores — particularmente à lei do carma — é que irão descobrir não apenas que a virtude, mas também a paz serão sua recompensa.

O otimismo torna-se tão irracional quanto o pessimismo, quando ignora o caráter duplo do destino e da natureza, a interação do yin-yang.

Uma visão de mundo que se recusa a reconhecer que os opostos são essenciais, que aceita sua beleza, mas não sua feiúra, não é completa e é apenas meia verdade.

UMA PRECE PARA O MUNDO

Nesta época de confusão e ansiedade, de conflitos e dificuldades, é nosso sagrado dever lembrar que devemos confiar em Vós, ó verdadeiro governante do mundo!

Compreendemos que a escuridão que hoje nos envolve deve-se ao fato de que muitos se esqueceram de cultivar essa confiança em Vós.

Aqueles cujas posições de poder ou influência os colocaram como conselheiros das nações necessitam, como nunca antes, em sua grande responsabilidade, da ajuda que vem da união Convosco e dos benefícios de Vossa orientação, para que não se deixem levar por erros ou fraquezas.

Portanto, devemos orar diariamente por eles e por nós mesmos, nos momentos de adoração ou meditação silenciosa, para que possam manter sempre viva a certeza de Vossa presença. Procuraremos sempre reconhecer nossas dificuldades e fraquezas, mas prometemos nos esforçar para tornar nossas vidas melhores e mais dignas, bem como nos empenhar para eliminar todo pensamento negativo e crença materialista.

Nossa necessidade de Vossa misericórdia e graça é imensa. Mostrai-nos o caminho para merecê-las, ó Infinito Pai de todos os seres, cujo amor é nosso último recurso.